A ORGANIZAÇÃO DO CURRÍCULO POR PROJETOS DE TRABALHO

Reimpressão da obra originalmente publicada em 1998 pela editora Artmed.

H557o   Hernández, Fernando.
             A organização do currículo por projetos de trabalho : o conhecimento é um caleidoscópio / Fernando Hernández, Montserrat Ventura ; tradução: Jussara Haubert Rodrigues ; revisão técnica : Maria da Graça Souza Horn. – 5. ed. – Porto Alegre : Penso, 2017.
             198 p. ; 23 cm.

             ISBN 978-85-8429-093-2

             1. Educação. 2. Organização curricular. I. Ventura, Montserrat. II. Título.

                                                                                    CDU 37.016

Catalogação na publicação: Poliana Sanchez de Araujo – CRB 10/2094

A ORGANIZAÇÃO DO CURRÍCULO POR PROJETOS DE TRABALHO

O CONHECIMENTO É UM CALEIDOSCÓPIO
5ª EDIÇÃO

**FERNANDO HERNÁNDEZ
MONTSERRAT VENTURA**

Tradução
Jussara Haubert Rodrigues

Consultoria, supervisão e revisão técnica desta edição
Maria da Graça Souza Horn
Doutora em Educação pela Universidade
Federal do Rio Grande do Sul (UFRGS)

2017

Obra originalmente publicada sob o título
La organización del curriculum por proyectos del trabajo:
el conocimiento es un calidoscopio

Copyright © ICE de la Universitat de Barcelona,
Editorial GRAÓ de Serveis Pedagógies, 1996.

Gerente editorial: *Letícia Bispo de Lima*

Colaboraram nesta edição

Editora: *Priscila Zigunovas*

Assistente editorial: *Paola Araújo de Oliveira*

Capa: *Mário Röhnelt*

Preparação de original: *Magda Regina S. da Rosa*

Leitura final: *Cristine Henderson Severo*

Editoração eletrônica: *Formato Artes Gráficas*

Reservados todos os direitos de publicação, em língua portuguesa, à
PENSO EDITORA LTDA., uma empresa do GRUPO A EDUCAÇÃO S.A.
Av. Jerônimo de Ornelas, 670 – Santana
90040-340 – Porto Alegre – RS
Fone: (51) 3027-7000 Fax: (51) 3027-7070

Unidade São Paulo
Rua Doutor Cesário Mota Jr., 63 – Vila Buarque
01221-020 – São Paulo – SP
Fone: (11) 3221-9033

SAC 0800 703-3444 – www.grupoa.com.br

É proibida a duplicação ou reprodução deste volume, no todo ou em parte,
sob quaisquer formas ou por quaisquer meios (eletrônico, mecânico, gravação,
fotocópia, distribuição na Web e outros), sem permissão expressa da Editora.

IMPRESSO NO BRASIL
PRINTED IN BRAZIL

Prólogo dos professores

– Como definiria...?
– Como interpreto esta proposta?
– O que esperava disto?
– Levei em conta a informação prévia que os alunos tinham?
– Por que este trabalho e não outro qualquer?
– Até que ponto meus objetivos foram compartilhados pela turma?
– O que acredito que os alunos responderão diante desta proposta?
– Pois...não sei.

"Conceitos, Aprendizagem Significativa, Tenho entrevista às duas, Fatos, Teoria da Elaboração, Calendário, Horários, Diversidades, Procedimentos, Esse giz não escreve, Inovação Pedagógica, Faltam-me cinco informes, Planejamento Curricular, Dossiê, Erros de Ortografia, Prescrição?, Significação?, É hora de ir ao pátio, Conservação da Quantidade, Construtivismo, Esses croquetes são farinhentos..."

O trabalho daquele que ensina é complexo, e mais ainda se, como profissionais, pretendemos uma adaptação constante da escola ao mundo, insuflando a atividade docente de um ar de atualização.

Nesse sentido, estamos refletindo sobre nossa prática com a intenção de teorizar sobre ela, torná-la significativa e ser responsáveis por nossas decisões.

Não é, no entanto, um processo facilmente realizável sem pessoas externas que ajudem a objetivar as situações que se produzem na intimidade de uma escola, de uma equipe, cujos membros não podem, com frequência, deixar de captar de maneira subjetiva a própria realidade.

Na Escola Pompeu Fabra, foram, e continuam sendo, definitivos a presença e o trabalho de assessoria na avaliação desse processo.

A partir dessa convicção, avaliamos que a conexão, o bom entendimento, o profissionalismo, o respeito mútuo, a valorização do trabalho e uma constante reciprocidade entre professores e assessores são elementos imprescindíveis para a realização de qualquer processo de inovação educativa.

Um processo que pode parecer inicialmente excessivo por todas as mudanças que implica, já que nos desequilibrou, nos propôs questões para depois ressituarmos, mas também foi progressivamente atraente porque levava implícita a ruptura com a monotonia e a sedução ante as novas expectativas.

Está em suas mãos uma parte desse processo, o qual consideramos inacabado. Convidamos você a compartilhar nosso entusiasmo com a leitura deste livro.

Os professores da E. P. Pompeu Fabra, de Barcelona

Sumário

Introdução 9

1 Descrever uma experiência educativa a partir da ótica da teoria 13

2 Vestígios de singularidade: características da Escola
Pompeu Fabra, de Barcelona 17

3 O processo de introdução e desenvolvimento do campo do
currículo na Escola Pompeu Fabra 19

4 A globalização: um caminho entre a teoria e a prática 43

5 Os projetos de trabalho: uma forma de organizar
os conhecimentos escolares 59

6 A avaliação do processo de aprendizagem dos alunos 83

7 Os projetos e o processo de tomada de decisões:
quatro exemplos de projetos, quatro exemplos de problemas 91

8 A título de conclusão 145

ANEXOS

1 Algumas características para definir a Escola Pompeu Fabra 151

2 Os objetivos finais da Escola Pompeu Fabra 161

3 Os Projetos vistos por seus protagonistas 177

Referências 195

Introdução

Esta publicação, posto que é reflexo de diversas histórias, requer algumas notas de apresentação. Foi escrita como balanço de uma tripla experiência profissional que teve lugar na Escola Pompeu Fabra, de Barcelona: da intervenção psicopedagógica, durante quase uma década, tentando que os problemas dos alunos fossem abordados a partir do contexto da sala de aula; de uma assessoria no campo do currículo, durante cinco anos letivos, que pretendia que o professorado se relacionasse criticamente com sua própria prática; e, sobretudo, da própria experiência dos docentes durante estes últimos anos, nos quais decidiram refletir, revisar e inovar sua prática profissional.

Este livro é, pois, a memória de boa parte desse trabalho, das discussões, dos progressos, das dificuldades e das visões que fomos dando a um processo de inovação curricular, do qual o trabalho por projetos é apenas uma parte.

Mas os livros, além de refletir as histórias de seus protagonistas, também sofrem seu próprio avatar. Escrevemos a primeira versão deste texto em 1993. A que aparece agora publicada é uma revisão ampliada daquela primeira redação. Paradoxalmente, o próprio ICE* da Universidade de Barcelona, que impulsionou e apoiou a experiência que aqui se trata, participa como coeditora na coleção que agora a demarca. Poderíamos dizer que as águas voltaram ao seu leito.

---

* N. de R. T.: ICE – Instituto de Ciências da Educação.

Por isso, quando agora voltamos a revisar o original, vimos a necessidade de introduzir mudanças em sua redação e de efetuar algumas ampliações que certamente servirão para estabelecer uma melhor comunicação com o possível leitor ou leitora. Além disso, durante o tempo de espera, realizou-se uma avaliação externa em torno da inovação dos Projetos, material que, em parte, incorporamos e que enriquece, esclarece e abre novas perspectivas ao enfoque geral do texto.

Nesses dois anos, alguns dos professores da escola responderam às demandas de outras coletividades de docentes interessados em conhecer sua forma de trabalhar e os resultados de seu processo de reflexão sobre a prática escolar.

Neste período, a escola optou por realizar o que prevê o desenvolvimento do Planejamento Curricular Básico, ou seja, definir o projeto curricular institucional por matérias, e a isso dedica boa parte de suas energias. Os Projetos são, ainda, uma parte importante das atividades da sala de aula, mas ocasionalmente se sente falta de um espaço de reflexão que impeça que se caia na inércia didática e que evite transformar em rotineiro, o que, a princípio, se apresentava como um processo criativo e de formação do próprio professor.

Nós, autores, continuamos com nossas aulas, assessorando outros centros ou contribuindo para a formação de outros grupos de professores. Em diferentes locais do Estado, intercambiamos pontos de vista sobre o que significa a globalização e a organização do currículo por Projetos de trabalho. Isso nos fez refletir sobre os perigos de assumir uma inovação sem associá-la a uma ideia de mudança e de sucumbir à tentação de "modismos", sem refletir o que pode questionar a atitude do docente e suas concepções sobre a aprendizagem dos alunos.

Essa visão é a que nos parece importante mostrar, socializar e responder, para tentar compartilhar com isso algumas das possíveis perguntas que o intercâmbio com os professores nos foi propondo durante esse tempo entre as duas versões do livro.

Um dos aspectos que nos parece importante descrever neste inventário de última hora é que os Projetos não podem ser aplicados de maneira generalizada e seguindo um ímpeto inovador sem desvirtuá-los. Não porque exijam um complexo acúmulo de saberes, mas sim porque requerem uma vontade de mudança na maneira de fazer do professorado e um assumir o risco que implica adotar uma inovação que traz consigo, sobretudo, uma mudança de atitude profissional. Uma inovação que, tal como em outros centros, iniciou-se antes de que, como disse J. Elliot, a carroça reformista se pusesse em marcha e tantos pretendessem subir nela. Na Escola Pompeu Fabra, não se pôs em movimento nem por urgências históricas, nem pela obrigação de fazê-lo, mas sim pelo desejo e a necessidade de mudança de um grupo de docentes.

Neste tempo, além disso, continuamos comprovando que, se aquele que ensina não assume que é ele quem primeiro deve mudar sua visão profissional sobre o que seja globalizar, sua forma de relacionar-se com a informação para transformá-la em saber compartilhado, dificilmente poderá viver o que seja definitivamente uma experiência de conhecimento.

Se isso não é levado em conta, o docente que queira trabalhar por Projetos reduzirá o que aqui se trata a um conjunto de perguntas iniciais aos alunos, fará o tratamento da informação se reduzir à realização de um índice e, inclusive, pensará que, a partir daí, seja a mesma coisa criar um Centro de interesse ou acompanhar um livro, mas dando-lhe a nova denominação de Projeto.

Estas são nossas intenções e as indicações que deixamos como advertência para que o leitor ou leitora esboce seu próprio caminho.

1

Descrever uma experiência educativa a partir da ótica da teoria

Apresentar uma experiência escolar costuma transformar-se numa reiteração de lugares comuns, filtrados pela particularidade daqueles que a realizaram. A descrição costuma ser o gênero dominante, e o esquematismo, a porta dos subentendidos que assinalam o que se fez em sala de aula. Mas isso não permite conhecer nem o que aconteceu, nem o processo de tomada de decisões que fez o autor ou autores tomarem aquela exata direção na experiência, e não outra qualquer.

    O fato de assinalar esse princípio se deve, sobretudo, porque pretendemos introduzir, no estreito âmbito de um texto, o que constitui uma experiência pessoal daqueles que trabalham numa escola, experiência que está marcada pela complexidade das situações vividas, pelas variações (anímicas, cognitivas, de relação) das pessoas participantes e pela duração do trabalho (cinco anos letivos). Mas, além disso, se complementa com as dúvidas, com a reflexão, com as interações, não só com os discentes, mas também com outros docentes e com as diferentes instituições (famílias, especialistas, outras escolas, a Administração), tudo aquilo que cria uma trama de uma riqueza explicativa tal que a restrição do escrito reduz e minimiza.

    Tivemos presentes essas limitações ao descrever, como porta-vozes privilegiados, algumas das facetas da experiência educativa da Escola Pompeu Fabra, de Barcelona. Centramo-nos, sobretudo, na tentativa de refletir como se estabeleceram nela a aprendizagem e o ensino, nos últimos cinco anos. Para isso, tratamos de superar uma mera descrição narrativa de alguns fatos, para aproximarmo-nos de suas possíveis explicações. Partindo de nossa intenção, não tentamos transmitir a um possível leitor ou leitora os recursos e soluções propostos pelos professores, e sim a fundamentação institucional e psicopedagógica que guiou sua tomada de decisões na escola.

Isso nos levou a uma forma de entender e apresentar a experiência de inovação pouco habitual nos escritos educativos, onde, sobretudo, é possível encontrar dois tipos de textos sobre experiências educativas. Os que são apresentados pelo especialista (pesquisador, assessor), que passa através do filtro de seu próprio interesse, o que costuma ser a experiência de trabalho de outros e que toma como ilustração de suas próprias propostas. Por essa via, o texto adquire um tom distanciado, com frequência interesseiro e normalmente extrapolado da realidade da qual parte. A outra possibilidade é que seja obra daqueles que ensinam. Nela, a apresentação da experiência realizada, o mostrar os recursos didáticos utilizados, se leva adiante a partir de uma implicação não distanciada que dificulta reconhecer, desde a singularidade da própria experiência, as referências, os contrastes e os pontos de vista que a completem e expliquem.

Em nosso caso, acompanhamos, colaboramos e, em boa parte, fizemos parte do trabalho que aqui se apresenta. De certa forma, o impulsionamos e, na maior parte das vezes, o compartilhamos. Preparamos, com os professores das salas de aula, e refletimos sobre o que nelas teve lugar. Em algumas ocasiões, recolhemos suas dúvidas incrementando as nossas. Em outras, pesquisamos e aprendemos juntos. Sabemos, por isso, da tensão de não encontrar soluções e da dificuldade de expor perguntas. Fomos a memória participante do que foi acontecendo em cinco anos de vida da escola. Por isso, nossa posição não pode ser passiva nem distante, e sim está implicada em tudo que, a seguir, se apresenta. Mas, isto sim, com outra forma de implicação diferente daquela que é habitual em casos similares.

Fomos fazendo os professores falarem, e, a partir de suas manifestações, fomos introduzindo pautas de reflexão que abriram novas possibilidades para a inovação que se estava realizando na escola (Era isso que estava acontecendo? Era essa a razão de tuas decisões? Por que tomaste este caminho? A que acreditas que se deva esta resposta dos alunos? Esta pode ser a explicação do que aconteceu?). Ao recolhermos por escrito esse intercâmbio, ele foi adquirindo a forma de um texto que foi realizado a partir das diversas vozes que participaram nele. Com isso, o que aqui se apresenta adquire, com frequência, um sentido coletivo, no qual os limites de sua autoria se diluem e surge a pergunta sobre o que teria acontecido se o percurso tivesse sido seguido sem esse processo de análise reflexiva. Ao mesmo tempo, tratamos de recolher outros reflexos no percurso seguido. A não separação entre a teoria e a prática, a sinalização das referências que ilustram ou aportam visões que o professorado estudou, discutiu e questionou não é, talvez, uma contribuição frequente nos escritos que recolhem experiências realizadas na escola, e que tentamos destacar. Manter um nexo condutor entre a prática que se explica a partir da teoria é o que faz este livro ir além do mero mostrar uma experiência educativa realizada por um grupo de docentes.

Nosso objetivo foi, sobretudo, interpretar, junto com o professorado, o sentido de sua prática, na qual o pré-texto, a referência pontual, foi o trabalho de organização dos conhecimentos escolares mediante Projetos. Mas, de nossa posição de intérpretes, essa referência só pode ser explicitada reflexivamente, ou seja, incorporando categorias interpretativas sobre o contexto global da relação entre a teoria e a prática dos docentes, numa linha similar à propugnada por aqueles que se encontram próximos à tendência crítica na educação (CARR; KEMMIS, 1988). Para esses autores, assim como para outros pedagogos, como Stenhouse ou Elliot, são os que ensinam, e não os especialistas, as figuras centrais de toda atividade curricular, na medida em que são quem a levam à prática e sobre a qual deverão formular juízos baseados em seus conhecimentos e experiências, assim como nas exigências de cada situação na sala de aula ou no centro* em que se encontrem.

Seguir essa concepção significou, para nós, reconstruir a experiência a partir de dentro, junto com os professores, para teorizar sobre ela e torná-la comunicável. E teorizar não quer dizer outra coisa que dotar ao que se viveu na sala de aula, no trabalho de grupo, dos significados que adquire, para cada um, a própria experiência. Não é a visão de quem a recolhe e a escreve a que domina e se apresenta, e sim o resultado de contrastar com o professorado o valor, a sequência interna, a explicação da tomada de decisões nas quais se fundamentou a prática. Teorizar quer dizer, também, ir detectando as concepções e as teorias que subjazem uma determinada sequência de trabalho, uma estratégia

---

* N. de R. T.: Sempre se leia "Centro" como sinônimo de Escola.

de avaliação ou uma intuição decisória, como já foi realizado em outros momentos do processo de inovação (HERNÁNDEZ; CARBONELL; MASES, 1988, 1990), nos quais se organizou, através de uma pesquisa-ação, o processo de avaliação utilizado por uma professora ou a forma de abordar, nos Projetos, a questão "Os alunos aprendem aquilo que pretendemos ensinar-lhes?". Teorizar significa, em definitivo, como assinalou Stenhouse (1987), incrementar o sentido profissional do professorado, na medida em que se torna mais crítico e abre sua disposição de aprender a partir de seu próprio trabalho.

Desde estas premissas, parece claro que o foco principal de atenção deste livro não é só a experiência de organizar o currículo a partir dos Projetos, mas também as reflexões, a disponibilidade de um grupo de professores e professoras em tornar comunicável o sentido de sua própria prática. Essa é nossa intenção porque, apesar do desânimo atual de boa parte do professorado e o pouco reconhecimento social da profissão docente, continuamos compartilhando a crença de Stenhouse de que "serão os professores aqueles que, em definitivo, mudarão o mundo da escola, entendendo-a".

2

Vestígios de singularidade: características da Escola Pompeu Fabra, de Barcelona

Qualquer experiência educativa é singular, ainda que nem por isso possamos dizer que seja a única. Essa afirmação, colocada na boca daqueles que assumem a realidade de forma preestabelecida, reduz a possibilidade de comunicação de uma experiência a uma piada sem valor científico.

No entanto, na atualidade, as pesquisas e propostas derivadas dos trabalhos sobre "o pensamento do professorado" (PÉREZ GÓMEZ, 1987) ou os estudos sobre "o apreender dos alunos" (SNOW, 1986) ressaltam o sentido idiossincrásico do ensinar e do aprender. Já não cabe mais a generalização na educação escolar. Cada contexto de aprendizagem está marcado por um conjunto de fatos e circunstâncias que conformam sua singularidade. O que acontece na escola, o acúmulo de interações e intercâmbios comunicativos que nela se produzem, não pode se equiparar, de forma alguma, com o que acontece num laboratório ou se reproduz num experimento, nem pode se mimetizar com o que acontece em outro centro.

Da singularidade, no entanto, pode-se aprender se dirigimos nossa atenção para os modelos de atuação empregados, o marco da reflexão psicopedagógica utilizado ou a atitude profissional desenvolvida numa escola, numa sala de aula ou numa sessão de trabalho.

Não se trata aqui, pois, de que o leitor ou leitora se compare com a história e as circunstâncias da Escola Pompeu Fabra para inibir-se frente a ela com desculpas do tipo "Não é o que acontece no meu centro" ou "Tem algumas condições mais ou menos favoráveis". Pelo contrário, é conveniente partir da própria singularidade para estabelecer pontos de conexão e abrir outras possibilidades de trabalho a partir das referências comuns que afetam a educação escolar.

No Anexo 1, encontra-se informação detalhada sobre as peculiaridades da E. P. Pompeu Fabra, assim como outros documentos interessantes.

3

O processo de introdução e desenvolvimento do campo do currículo na Escola Pompeu Fabra

Para compreender como se introduziu a experiência dos Projetos de trabalho na Escola Pompeu Fabra, devemos considerá-la num âmbito mais amplo, no desenvolvimento de um processo de reflexão e de trabalho que, junto com a trajetória anterior do centro, a gerou e a tornou possível. Esse processo é o que denominamos "processo de introdução e desenvolvimento do campo do currículo na Escola Pompeu Fabra"; currículo entendido como um campo de conhecimentos no qual confluem decisões políticas, pesquisas, propostas dos especialistas e realizações dos docentes.

Em tal processo, se reúne todo um conjunto de experiências realizadas a partir da prática pedagógica dos professores, ao que se uniu um esforço de reflexão crítica sobre a prática acompanhada pelo estudo de novas referências teóricas para a fundamentação e explicação psicopedagógica de sua intervenção na sala de aula. Essa tarefa teve início em 1984, coincidindo coma primeira etapa da reforma (1983-1986) e sua filosofia de facilitar uma mudança educativa a partir da experiência dos centros e não das prescrições curriculares elaboradas de forma externa à escola. A intervenção de um assessor serviu para facilitar que as necessidades de formação e as intenções de inovação do professorado se ordenassem num marco de reflexão sobre sua prática.

PONTO DE PARTIDA: A NECESSIDADE DE MUDANÇA*

As inovações costumam ser produzidas, entre outras razões, por uma pressão exterior (caso de uma reforma educativa) ou pela vontade ou desejo de mudança de um grupo ou de uma instituição. No caso do estabelecimento dos Projetos de trabalho como forma de organização dos conhecimentos escolares, sua origem poderia ser situada até o final do ano letivo 1983-84; concretamente surgiu da necessidade do professorado do ensino fundamental (6º e 7º anos)** de analisar e aprofundar-se na teoria e na prática da globalização. Nesse grupo, havia se gerado um estado de insatisfação sobre como se estavam realizando os "centros de interesse", sistema adotado pela escola para trabalhar os conteúdos escolares. Os professores e professoras consideravam que os centros de interesse se desenvolviam na escola como se fossem lições no sentido tradicional. Seguir algumas das propostas da denominada escola ativa havia originado um efeito duplo no centro: junto à facilidade de criar e utilizar recursos didáticos, foi-se produzindo uma certa inércia em sua utilização. Inércia que ia tomando a forma de uma certa monotonia no planejamento e na realização das atividades, uma reiterada repetição na programação que suscitou sérias dúvidas sobre o valor de seu próprio trabalho.

Como consequência dessa insatisfação, estabeleceu-se a necessidade de entrar num processo de reflexão e de análise da própria prática profissional. Assim, o professorado do ensino fundamental formulou (6º e 7º anos) algumas perguntas: sobre se realmente estavam globalizando, sobre o que era a globalização em seu sentido psicopedagógico mais profundo e sobre se os centros de interesse favoreciam uma educação globalizada.

A professora que, na ocasião, era a Coordenadora Pedagógica e que fazia parte do ensino fundamental (6º e 7º anos) o expressou assim: "Os Projetos saem da forma de trabalhar que anteriormente tínhamos na escola e que eram os centros de interesse...). Parecia-nos que a glo-

---
* Esta parte do texto foi enriquecida com as colaborações recolhidas na avaliação externa que foi realizada durante o ano letivo 1989-90, sobre a inovação dos Projetos de trabalho, como parte de uma pesquisa sobre a avaliação de inovações educativas financiada pelo CIDE, dentro do Concurso Nacional de Projetos de Pesquisa Educativa para 1989 (CARBONELL et al., 1991). Agradecemos aos autores sua disposição para poder incluir fragmentos de seu estudo neste livro.
** N. de R.: Diferentemente da edição de 1988, nesta edição, a palavra "anos" é usada no lugar de "séries" para se referir aos anos letivos do ensino fundamental. "Séries" é agora reservada aos anos letivos do ensino médio. Além disso, "escola infantil" foi substituído por "educação infantil".

balização era uma das maneiras de organizar os conhecimentos que mais respondia ao modo de aprender dos alunos. Mas nos demos conta de que, da maneira como estávamos fazendo os centros de interesse, tudo seguia basicamente o mesmo esquema. Era a mesma coisa seguir uma lição ou fazer um tema; a única diferença residia na escolha dos alunos. Mas isso não nos garantia que estivesse globalizado nem em função de como os alunos aprendem". Isso fazia "...as pessoas não estarem satisfeitas com o que estavam fazendo e, por conseguinte, explica muito bem qual era a demanda: se queria mudar. Isso estava muito claro".

Essas interrogações levaram o professorado a buscar respostas em diferentes atividades de formação – cursos, seminários – com a intenção de levar adiante uma análise que pudesse modificar sua concepção e sua prática da globalização. Dessa forma, visitaram escolas que desenvolviam atividades parecidas ("Cantos",* outros centros de interesse...). Mas nenhuma das atividades de aperfeiçoamento nas quais participaram lhes oferecia a possibilidade de continuar avançando. O nível de resposta que se oferecia era o intercâmbio de experiências com docentes de outras escolas, que não era suficiente para satisfazer as necessidades desse grupo de professores.

A inovação, um processo que surge da própria escola

A inovação apareceu num contexto de reflexão e de discussão pedagógica que exigia, por sua vez, um determinado grau de formação e de aperfeiçoamento. A trajetória da Escola Pompeu Fabra reflete uma história de renovação pedagógica que se fundamenta, sobretudo, no trabalho conjunto da equipe de professores que, com pequenas variações, vai solidificando-se à medida que os anos passam. Como expressa uma professora do ensino fundamental (anos iniciais – 1º ao 5º ano): "Encontramo-nos num grupo de pessoas que tinha vontade de trabalhar. Como era uma escola privada, se houvesse alguma demissão, podíamos fazer o novo professor entrar em nossa proposta e que se pudesse depois se integrar a maneira de enfocar as coisas (...). Evidentemente ajuda o fato de que se tenha podido contar com a estabilidade da equipe. A maioria dos professores está na escola há anos, o que também é um dado que deve ser

---
* N. de R.T.: "Cantos" são espaços organizados na sala de aula, com materiais disponíveis para interação dos alunos relacionados a diferentes áreas do conhecimento (Ciências, Matemática, etc.).

significativo...". Gerou-se, assim, uma forma de trabalhar e uma forte coesão na equipe, aspectos que já havia destacado a psicóloga que, naquela ocasião, trabalhava na escola: "O estilo desta casa, desde sempre, é um estilo de profissional que nunca fica completamente satisfeito com o que faz, e que sempre quer fazer alguma coisa diferente".

Nesse contexto, a proposta dos Projetos de trabalho significou uma continuidade na reflexão sobre a tarefa pedagógica individual e coletiva de um grupo de pessoas que ensinam, que se traduziu na participação em diferentes cursos de formação, na publicação de materiais didáticos e numa forte dose de discussão e de debate no seio do professorado sobre questões que afetam as práticas de ensino e aprendizagem, aspecto este também comentado pela então psicóloga do centro: "Naquele momento, havia bastante gente que participava de seminários da *Rosa Sensat*,[*] que participava de publicações de livros. Sempre houve um espírito bastante inovador (...). Nas assembleias de docentes em torno da colocação de problemas psicopedagógicos sempre se discutiu muito".

Assim, pois, a demanda do professorado não podia ser abordada e resolvida a partir de um curso habitual de formação permanente. Por esse motivo, a necessidade de modificar as estratégias favorecedoras da globalização e de superar o esquematismo dos centros de interesse não encontra imediatamente um espaço de formação para se processar, e sim implica seguir um itinerário de busca para encontrar aquela modalidade de formação que se adapte a seu contexto. Nas palavras da Coordenadora Pedagógica, esse itinerário se estabeleceu da seguinte maneira: "Nós já tínhamos passado um ano dando voltas na globalização e não encontrávamos nunca qual era o canal para estabelecer o tema. Tínhamos realizado seminários entre nós mesmos e participado de seminários organizados pelo ICE com pessoas de outras escolas. Mas a única coisa que fazíamos era repassar experiências. Isso não nos era útil".

É necessário relembrar que foi o professorado do ensino médio que propôs a necessidade de mudança, porque, como assinalou uma professora, "as pessoas não estavam satisfeitas. Talvez fosse a etapa que estivesse mais em crise, porque, na educação infantil e ensino fundamental, se estava realizando um trabalho de pesquisa e inovação sobre o processo de aprendizagem da leitura e da escrita, e, nos anos finais do ensino fundamental (8º e 9º

---

[*] N. de R.T.: *Rosa Sensat* é uma associação de professores chamada "Associação de Mestres Rosa Sensat", da região da Catalunha, Espanha, com sede em Barcelona, que se propõe a melhorar a qualidade de ensino, promovendo cursos, seminários, emprestando livros e materiais didáticos às escolas. Publica diferentes materiais, livros e revistas.

anos) tinham muito claro que tipo de conteúdos se trabalham, sempre mais em seu estilo. Talvez os docentes do ensino médio tenham ouvido sinais sobre o que se estava fazendo no ensino fundamental e tenham querido incorporar-se, mas tampouco tinham muito claro como podiam fazê-lo".

O processo para encontrar uma modalidade de formação que fosse coerente com suas necessidades levou finalmente o professorado do ensino fundamental (6º e 7º anos) a considerar a possibilidade de contar com assessoramento da própria escola. Através do ICE da Universidade de Barcelona, estabeleceu-se contato com uma pessoa alheia ao centro que, a partir daquele momento, assumiu o assessoramento do professorado da escola ao longo de cinco anos. O trabalho conjunto entre os docentes e o assessor durou cinco anos e se traduziu na configuração de um grupo de trabalho, o que permitiu receber ajuda econômica e apoio institucional do mencionado ICE.

A intervenção do assessor na escola foi determinante para a arrancada efetiva do planejamento inovador. Para alguns docentes, a conceitualização da inovação, de uma perspectiva temporal, se identificou com a presença do assessor. De fato, sua intervenção inicial implicou negociação sobre suas funções e reformulação dos problemas e necessidades que motivaram sua presença no centro, porque, como comentou a Coordenadora Pedagógica, "o difícil é saber definir uma demanda que realmente seja interessante pesquisar (...). Talvez esse seja o papel principal do assessor: interpretar o que há por trás da pergunta ou o problema inicial estabelecido e reconvertê-lo numa demanda muito mais inovadora. Essa é uma situação que, mais do que ser qualificada como difícil, deveria ser definida como (...) um momento delicado no qual, talvez, se deva empregar muito tempo".

INÍCIO DA ATIVIDADE DE REFLEXÃO E ANÁLISE SOBRE O CURRÍCULO DO CENTRO

A partir desse momento, e levando em conta a necessidade inicial, estabeleceu-se entre os docentes do ensino fundamental (6º e 7º anos) e o assessor[*] um acordo para tratar de preencher de conteúdo

---
[*] Uma primeira síntese sobre o desenrolar da assessoria pode ser encontrado em Hernández (1986a; 1987). O leitor interessado também pode aproximar-se de determinados aspectos e temas abordados na assessoria, por exemplo, a fundamentação dos Projetos de trabalho (HERNÁNDEZ, 1988a), o papel do professor como pesquisador (HERNÁNDEZ; CARBONELL; MASES, 1990) ou a intervenção assessora enquanto tarefa de revisão e atualização curricular no centro (HERNÁNDEZ, 1990).

uma nova relação entre a teoria e a prática educativa na escola. Esse trabalho centrou-se no campo do currículo. Pretendia-se responder à questão do "como ensinar" a partir de sua experiência profissional e se pretendia levar esse trabalho adiante mediante a revisão de sua prática educativa.

Durante o primeiro ano letivo, só se trabalhou com o professorado dos 6º e 7º anos do ensino fundamental, e se analisou o que se podia entender sob a denominação globalização na atividade educativa do centro. Dado que as questões que estavam sendo propostas afetavam toda a escola, iniciou-se um processo progressivo de ampliação do grupo de trabalho que significou a incorporação do professorado do ensino fundamental durante o segundo ano, e, finalmente, a participação dos docentes dos anos finais do ensino fundamental. Assim, pois, iniciou-se o restabelecimento da prática docente para todo o professorado do centro. Numa etapa inicial, o assessor trabalhou com cada ciclo em separado. Mais adiante, se optou por dar mais importância ao trabalho na assembleia de professores para que os ritmos e níveis de trabalho dos diferentes ciclos se equilibrassem.

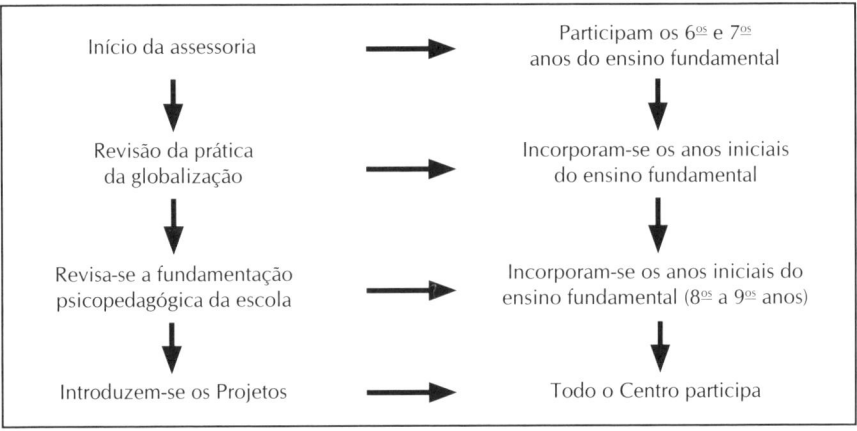

A incorporação progressiva do professorado à inovação.

Assim, pois, a demanda inicial de uma Etapa do Ensino converte-se num processo de reflexão pedagógica para toda a escola e significou a implantação progressiva de um projeto inovador também em todo o centro. Essa incorporação paulatina de todo o professorado foi positiva no sentido em que possibilitou uma base de trabalho conjunta, a partir da qual se pôde iniciar o processo de inovação com uma certa dose de tranquilidade, dentro da incerteza que as possíveis modificações em sua prática docente poderiam gerar entre o professorado. O início não foi problemático, ainda que houvesse momentos de discussão em que foi necessário esclarecer o significado do que se queria fazer e aonde se queria ir.

Numa primeira fase, o assessor trouxe referências teóricas novas que serviram para o professorado contrastar e refletir sobre sua prática. Tratava-se de detectar qual era a fundamentação psicopedagógica que sustentava a prática de globalização que estavam realizando com os centros de interesses, para poder introduzir, numa segunda fase, elementos de mudança de caráter conceitual. Partindo dessa dialética, fruto de uma concepção da mudança próxima à proposta por Kurt Lewin e que segue as fases de: a) desestabilização a partir de questionamento dos fundamentos da prática; e b) reordenação a partir da introdução de novas fontes de referência, seria possível preparar, na seguinte fase do processo, uma alternativa, uma organização diferente do currículo para a estruturação dos conhecimentos escolares em cada uma das classes. Como é óbvio, foi o momento de introduzir os Projetos de trabalho.

As referências conceituais que serviram como contraponto às que guiavam a prática do professorado no início do processo de inovação, foram as seguintes:

1. O sentido de significatividade do ensino e da aprendizagem e a função que essa concepção outorga à atuação do professorado e dos alunos. O artigo de Pérez Gómez (1987), em que conclui com a necessidade de um docente flexível e reflexivo, tornou-se especialmente esclarecedor por sua referência à importância da atitude do professor na hora de avaliar se interpreta de uma forma adequada as intervenções do discente.
2. A partir da revisão e discussão de diferentes experiências de sala de aula, foram analisadas algumas das teorias implícitas que os docentes estavam utilizando como guia e fundamento de sua tomada de decisões na prática. As teorias que foram objeto de explicitação, reflexão e estudo foram as seguintes:
    a) A aprendizagem por descoberta, considerada ótima para o aluno. Esse modelo de aprendizagem considera fundamental partir de uma atividade, a partir da qual os alunos de-

senvolvem uma estratégia de indução que lhes permita, desde suas experiências imediatas, tratar de buscar, por si mesmos, respostas a suas necessidades e a informação requerida para complementá-las. As críticas a esse modelo de aprendizagem foram realizadas, sobretudo, em torno da hipótese de que nem tudo pode ser aprendido por descoberta, e ao risco que implica pensar que cada aluno ou aluna deva reiniciar, de maneira individual e segundo suas necessidades, sua aprendizagem em questões e temas que já são parte do patrimônio dos saberes compartilhados e organizados.*

b) Os estágios piagetianos sobre o desenvolvimento da inteligência e da lógica foram considerados rígidos demais para avaliar e classificar o momento evolutivo dos alunos. Esse enfoque implica, além disso, estabelecer a noção de maturidade de forma restritiva, dando ênfase no que o aluno "não tem" ou "aonde não chegou", em vez de destacar o que já possui como ponto de partida para abrir novas relações e aprendizagens.**

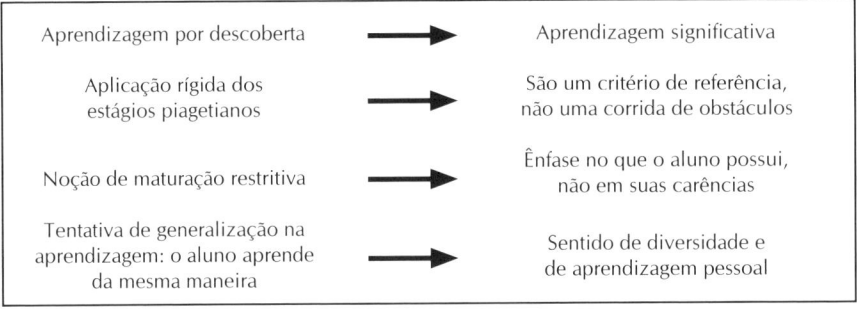

Teorias iniciais do professorado e referências alternativas.

3. Descobrir, na prática, a maneira pessoal de agir, que tem seu reflexo tanto no docente e na tarefa de ensinar como no discente e na sua atividade de aprendizagem. Isso significa introduzir um

---

* Além de apresentar com certo detalhe os fundamentos desse modelo de aprendizagem, também apresentam suas valorizações críticas, entre outros, os textos de Ausubel (1976), Novak (1982), Pérez Gómez (1983a) e Hernández e Sancho (1989).
** Nos textos de Boden (1982), Vuyk (1984), Coll (1991) e Delval (1991), aparecem pontos de vista flexíveis sobre as propostas piagetianas e sua vinculação com a aprendizagem na escola, nos quais se aprofunda sobre o sentido construtivo e não meramente aditivo do desenvolvimento.

certo sentido de relatividade na hora de tomar decisões ou ao estabelecer conclusões sobre o valor dos resultados de uma atividade ou na avaliação de um processo de sala de aula.

Esse trabalho inicial implicou conectar a teoria e a prática, e reclamou uma organização desta a partir da reflexão aportada pela teoria. Isso permitiu que se abordasse o início de uma organização dos conhecimentos escolares com uma proposta diferente, a dos Projetos de trabalho, que até então se havia utilizado na escola. Refletir o conteúdo desse processo constitui o núcleo central desse texto e, no tempo oportuno, significou uma nova fase na organização do estudo sobre o campo do currículo no centro.

A partir desse momento, no qual se conta com uma bagagem conceitual comum, começam a ser introduzidos os Projetos como forma de organização dos conhecimentos na escola. O trabalho conjunto do professorado e do assessor se estabeleceu em torno do acompanhamento dos diferentes elementos que reclamava a introdução dessa nova forma de organização. Assim, numa determinada fase, se dedica mais atenção à sequenciação; em outra, as preocupações do grupo se centram na elaboração de um projeto compartilhado entre diferentes turmas... Entre o terceiro e o quarto ano letivo da experiência, se estabeleceu a reflexão do grupo em torno do conceito e da prática da pesquisa educativa e à necessidade de incorporá-la como atitude profissional, no centro, desde o prisma do docente como pesquisador.

OS PROJETOS DE TRABALHO

A evolução do processo de inovação comporta, por um lado, assumir por parte de todo o professorado os aspectos básicos da inovação, e, por outro, sua implantação efetiva nas salas de aula. Mas, além disso, não se pode perder de vista que se trata de um processo de inovação aberto que, a partir de uma necessidade inicial, vai sofrendo modificações, tal como se observa na figura.

A inovação através dos Projetos foi um passo a mais no replanejamento que a escola fez de seu trabalho, como se deduz do comentário da Coordenadora Pedagógica: "Desemboca-se nos Projetos porque o planejamento das coisas vinha pelo lado da globalização, mas, depois, necessitou-se falar de currículo e tivemos de refazê-lo; chegamos aos objetivos finais, e depois devíamos fazer a renovação... E assim poderíamos continuar num círculo".* Outra professora afirmava, no mesmo sentido: "Talvez, em princípio, fossem os Projetos, mas depois afetou o como se estabeleceram as matérias, como se organizou o plano de trabalho, como se definiram as tutorias...creio que os Projetos foram utilizados para dar forma e conteúdo ao processo de ensino em sala de aula".

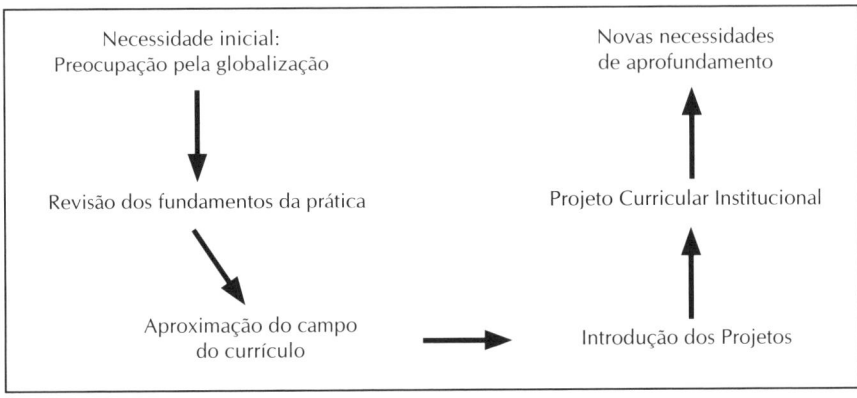

O contexto de introdução dos Projetos.

Assim, pois, convém destacar que a introdução dos Projetos de Trabalho foi planejada no centro como uma forma de vincular a teoria com a prática e com a finalidade de alcançar os seguintes objetivos:

1. Abordar um sentido da globalização em que as relações entre as fontes de informação e os procedimentos para compreendê-la e utilizá-la fossem levados adiante pelos alunos, e não pelo professorado, como acontece nos enfoques interdisciplinares.
2. Introduzir uma nova maneira de fazer do professor, na qual o processo de reflexão e interpretação sobre a prática fosse a pauta que permitisse ir tornando significativa a relação entre o ensinar e o aprender.

---

* Na atualidade, o professorado da escola está defendendo o Projeto Curricular Institucional, e, concretamente, os conteúdos de cada uma das áreas para cada um dos anos do ensino fundamental.

3. Gerar uma série de mudanças na organização dos conhecimentos escolares, tomando como ponto de partida as seguintes hipóteses:
   a) Na sala de aula, é possível trabalhar qualquer tema, o desafio está em como abordá-lo com cada grupo de alunos e em especificar o que podem aprender dele.
   b) Cada tema se estabelece como um problema que deve ser resolvido, a partir de uma estrutura que deve ser desenvolvida e que pode encontrar-se em outros temas ou problemas.
   c) A ênfase na relação entre ensino e aprendizagem é, sobretudo, de caráter procedimental e gira em torno do tratamento da informação.
   d) O docente ou a equipe de professores não são os únicos responsáveis pela atividade que se realiza em sala de aula, mas também o grupo-classe tem um alto nível de implicação, na medida em que todos estão aprendendo e compartilhando o que se aprende.
   e) Podem ser trabalhadas as diferentes possibilidades e os interesses dos alunos em sala de aula, de forma que ninguém fique desconectado e cada um encontre um lugar para sua implicação e participação na aprendizagem.

A partir dessa relação entre a teoria e a prática, na qual os Projetos constituem uma concretização mais do que um desenvolvimento durante o tempo em que durou a assessoria, passou a explicitar o que constitui sua fundamentação curricular, ou seja, o sentido que adquire a relação entre o ensino e a aprendizagem para o professorado da Escola Pompeu Fabra.

O SENTIDO DA RELAÇÃO ENTRE ENSINO E APRENDIZAGEM

Antes que a "Generalitat de Catalunya" apresentasse o documento sobre o "Marc curricular" (COLL, 1986a), ou que o Ministério de Educação estabelecesse a reforma do projeto curricular, a escola já vinha incorporando toda uma série de conceitos e de referências teóricas para enquadrar e tornar compreensíveis as relações entre ensino e aprendizagem. Quando essas propostas se tornaram públicas, o professorado as utilizou para confrontá-las ou questioná-las em relação com as que havia assumido e explicitado em sua tarefa de reflexão curricular.

É precisamente num contexto de reflexão partindo da própria escola no qual adquirem significado os postulados e as propostas que traz consigo uma reforma educativa. Um significado que não comporta necessariamente assumir ou rechaçar tais postulados, e sim permitir ao professorado realizar suas análises críticas graças à bagagem conceitual teórico-prática adquirida no transcurso da inovação.

É importante ressaltar essa constatação, já que serve para manifestar que, na Escola Pompeu Fabra, foi seguido um processo no desenvolvimento da inovação que vai de baixo para cima, e que é, portanto, diferente da que, na atualidade, se pretende realizar para a implantação do Planejamento Curricular da reforma.

A trajetória percorrida no processo de inovação da escola está próxima à do movimento de reforma curricular na Grã-Bretanha, nos anos 1970 e início dos 1980, e que se recolhem nas publicações de, entre outros, Stenhouse (1984, 1987) e Elliot (1986, 1990). As propostas desse movimento partiam da prática dos professores. O movimento do currículo favorecia e impulsionava que os próprios docentes, mediante um processo de formação baseado na pesquisa educativa e na análise crítica de sua prática, enfrentassem diferentes problemas da educação escolar para transformá-los, dotando-os de novos sentidos.

O propósito deste capítulo é refletir como foram abordados e definidos alguns dos pressupostos que, em torno das relações entre ensino e aprendizagem, aparecem no Planejamento Curricular do ensino fundamental, e como, a partir do contraste mencionado, o professorado vai definindo seu próprio Projeto Curricular Institucional. Em todo esse processo, se faz presente a preocupação em confrontar a tarefa de formação pela qual alguns docentes do centro optaram.

Nem todos os professores seguiram esse processo, assim como nem todos assimilaram da mesma maneira os aspectos de fundamentação de suas decisões curriculares. Alguns, por não estarem envolvidos na inovação; outros, pelas dúvidas que essas referências comportam na prática; e outros, pela dificuldade de assumir a mudança de atitude profissional que traz consigo. Mas essa diversidade faz parte também da vida do centro e é um reflexo de como a idiossincrasia e a biografia de cada docente influi no trabalho coletivo.

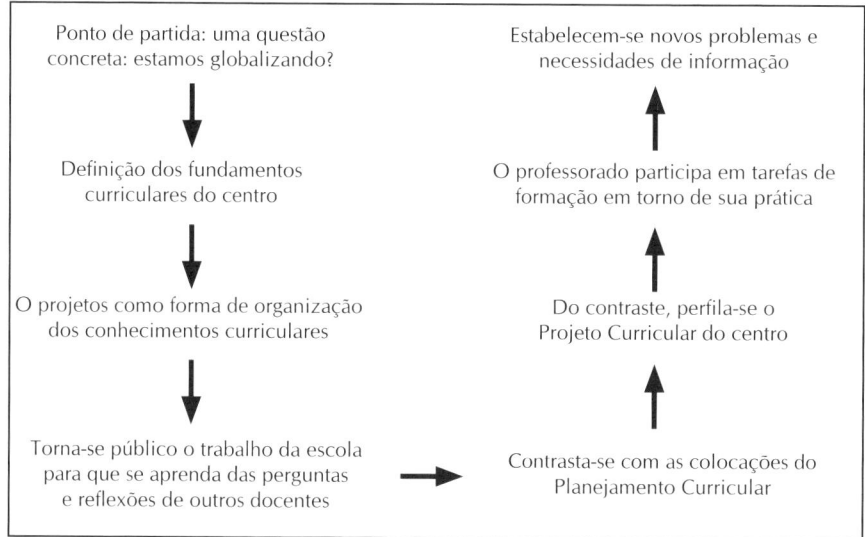

O processo de elaboração do currículo no centro.

Vale a pena destacar cada um desses aspectos de fundamentação a partir de como aparecem enunciados no Projeto Educativo Institucional.

O aluno aprende (melhor) quando torna significativa a informação ou os conhecimentos que se apresentam na sala de aula

Essa proposição é possivelmente a que, de forma mais evidente, foi assumida na escola, sobretudo a partir da incorporação do diagnóstico inicial do conhecimento que tem o aluno sobre a informação que vai trabalhar ou o problema que vai resolver na sala de aula. Desde a maneira de enfocar a aprendizagem da língua escrita na Etapa Inicial até a formulação de hipóteses nas oficinas e nos Projetos; para dar dois exemplos, esse diagnóstico é a forma habitual de iniciar o processo de aprendizagem e de estabelecer a posterior orientação e sequência. Ao mesmo tempo, incorpora uma atitude de avaliação formativa baseada na interação que permita ir reposicionando, segundo a evolução do grupo, o valor de significatividade da informação trabalhada.

No entanto, abordar a aprendizagem a partir de uma posição de significatividade requer esclarecer dúvidas em sua concepção e também na criação de situações de aprendizagem; sobretudo, quando se pretende conhecer o que está assimilando cada um dos alunos, que conceitos ou procedimentos dos trabalhados adquirem significação na situação proposta. Existe, além disso, uma dificuldade evidente para avaliar a significatividade de alguns processos intermediários que surgem em situações de aprendizagem. Assim, pois, em alguns momentos, se pretende estabelecer relações de causa-efeito entre as atividades propostas, os procedimentos estabelecidos e os resultados obtidos pelos alunos, cuja vinculação fica difícil de explicar. Também acontece que o professorado mostre certa desconfiança sobre o valor do que se realiza em sala de aula ante a dificuldade de levar adiante um acompanhamento individualizado em que se possa captar como cada aluno está tornando compreensiva uma determinada situação de aprendizagem.

Na reflexão realizada em torno da significatividade, o professorado da escola se propôs as seguintes questões:

1. A concepção significativa da aprendizagem se vê dificultada pelo apego que, com frequência, se apresenta para com modelos psicopegógicos que explicam o aprender sobre a base de uma relação de causa-efeito.
2. A teoria de Ausubel permite articular muitas situações que facilitam os processos de aprendizagem; no entanto, não explica totalmente os processos internos do aprender no aluno.
3. O modelo de aprendizagem significativa dá ênfase (frente à aprendizagem por descoberta) ao caráter verbal que deve estar presente nas situações de ensino. Situação que, em casos extremos, pode levar à defesa do modelo de aula magistral.
4. A concepção da aprendizagem significativa não soluciona algumas questões básicas sobre o processo de aprendizagem, como se fosse o indivíduo que, quando aprende, tenha de se adaptar à realidade (a informação) ou se o que realizasse fosse uma reconversão desta para suas necessidades e esquemas de referência. Manter uma ou outra postura ou sustentar que seja um processo de mútua influência abre novos questionamentos com respeito à aprendizagem escolar.

5. As bases teóricas cognoscitivas (sobretudo a da teoria dos esquemas e do processamento da informação) que fundamentam o modelo da aprendizagem significativa verbal, ainda que na atualidade sejam aceitas pelos psicólogos, não se deve esquecer que provêm de modelos metafóricos para explicar a aquisição do conhecimento.
6. A função de uma teoria psicopedagógica sobre o aprender pode servir de elemento de reflexão para a prática, mas, em geral, não pode ser transferida a ela de uma maneira direta, já que há uma diferença de ordem entre a teoria, que pretende ser de caráter geral, e a experiência de sala de aula, que se define por sua singularidade.

A conceitualização sobre a aprendizagem dos alunos se fundamenta nas propostas construtivistas sobre o desenvolvimento

Esse pressuposto está incorporado como via explicativa tanto da evolução dos alunos e seu desenvolvimento não linear e cumulativo, senão por estágios ou etapas inter-relacionadas, como de sua conexão com situações de ensino e aprendizagem, sobretudo nas que se refletem e explicam mediante as noções de assimilação, acomodação e adaptação, ou naquelas em que se facilita a aprendizagem a partir da atividade e da manipulação.

No entanto, há situações de diferentes complexidades, para cuja compreensão se requer manejar amplos conjuntos de informação, como é o caso de algumas explicações históricas, geográficas ou sobre o universo, nos quais não se torna possível detectar e sistematizar seu processo de compreensão, ao contrário do que acontece com noções que têm um caráter mais estável como são, por exemplo, as que estão em torno do número, da quantidade, da conservação dos líquidos, algumas categorias históricas ou as que giram em torno da aprendizagem da língua escrita.

É necessário, portanto, introduzir um processo de sistematização e realizar novas pesquisas a partir dos enunciados da psicologia genética, e, de maneira específica, em relação com outros conhecimentos e procedimentos que se estabeleçam na escola, incorporando as revisões que, em torno dessa explicação do desenvolvimento, foram elaboradas depois dos anos de 1970, e introduzindo outras teorias sobre o aprender dos alunos. Nesse sentido, é interessante lembrar as duas conclusões as quais chega Carretero (1987) com respeito às relações entre a pesquisa sobre o desenvolvimento e suas aplicações em situações escolares. Por um lado, que as inferências que foram realizadas sobre a aprendizagem se baseiam numa série de provas realizadas pelos psicólogos em situações especiais e não em sala de aula, motivo pelo qual, ainda que costumem ser representativas de algumas das capacidades intelectuais básicas dos alunos, os problemas surgem quando se estabelecem suas implicações para o ensino. Por outro lado, que a leitura sobre os estágios como indicadores da maturidade dos alunos torna-se restritiva, pois esta não é uma entidade isolada, e sim conectada com as condições sociais e a forma de organizar e estabelecer as relações comunicativas e as de ensino-aprendizagem.

A noção de zona de desenvolvimento proximal favorece as interações na sala de aula e fundamenta uma proposta de educação para a diversidade

Até agora, esse enunciado não se vê refletido na escola com a mesma importância que os dos anteriores, ainda que se tenha exercido uma notável influência na proposta sobre a integração dos alunos com necessidades educativas especiais e na potencialização do trabalho em grupo. Os princípios educativos baseados na psicologia de Vygostsky colocaram em relevo, tal como assinalou Wertsch (1988), a necessidade de superar as propostas "psicolegistas" (o indivíduo aprende e se adapta a partir de "si mesmo") em favor de uma explicação de desenvolvimento "sociogenética" (o indivíduo aprende em interação com a cultura). Desse ponto de vista, a escola é um âmbito de intercâmbios de formas individuais, no qual alunos e professores participam e transformam em aprendizagem as experiências sociais.

No caso da Escola Pompeu Fabra, essa proposta foi sobretudo uma intuição que pretendeu refletir-se na prática a partir do trabalho sobre o campo do currículo e de algumas experiências pontuais. Num primeiro momento, esteve vinculada à reflexão sobre o que significava acompanhar o ritmo de cada uma das crianças e, em função dessa reflexão, em como planejar atividades nas quais as respostas não tivessem que ser únicas e nas quais a maneira de executá-las pudesse sugerir caminhos para que cada um dos estudantes encontrasse seu próprio lugar e desenvolvesse seu próprio estilo de aprendizagem. Com essa bagagem, no período 1987-1988, realizaram-se várias sessões do seminário de formação em torno da "função do tempo na escola" e o que representava para a educação dos diferentes ritmos de aprendizagem dos alunos. Essa fase foi concluída com uma pesquisa sobre "a teoria e a prática da educação para a diversidade no centro" (DE MOLINA, 1990), que serviu para revisar, partindo do trabalho de campo, as concepções do professorado e as alternativas que oferecia às situações de diversidade das salas de aula. Atualmente, essa linha de trabalho prossegue numa pesquisa sobre os intercâmbios comunicativos entre uma professora e sua turma, em função do sexo dos alunos (MASES et al., 1990).

Para a programação da sequência de ensino adotou-se o enquadramento oferecido pela teoria da elaboração, mas adaptada à reflexão e à prática curricular da escola

A teoria da elaboração de Reigeluth e Merril (1980) é a que foi tomada como referência para organizar a sequência de instrução no Planejamento Curricular de Base.[*] Trata de incorporar as propostas cognitivas de diversos autores (Piaget, Bruner, Ausubel) e as noções sobre a aprendizagem provenientes do modelo de processamento de informação, além de outras colaborações como a da teoria da assimilação de Mayer,[**] a do desenvolvimento das aptidões, etc. Tenta prescrever a melhor forma de selecionar, estruturar e organizar os conteúdos de instrução para provocar e facilitar sua ótima aquisição, retenção e transferência.

---

[*] Uma aproximação pode-se encontrar, além do trabalho desses autores, em Pérez Gómez (1983a), Hernández e Sancho (1989) e Coll (1991).

[**] A noção de estrutura de conhecimento é reinterpretada na teoria da elaboração pela epítone. Na reflexão da escola, está presente quando o professor tenta passar o tema ou os conteúdos informativos de um projeto a uma estratégia de tipo cognitivo que guiará o desenvolvimento do trabalho e a posterior avaliação. Tem uma função interpretativa que faz o professor estabelecer que não é tão importante a informação que se estuda, mas sim o problema que o aluno terá de resolver a partir dela.

É fundamental destacar que, com exceção dos anos finais do ensino fundamental (que, nas primeiras fases do processo de inovação no centro estava comprometido com a experiência da reforma), esta tipologia de sequenciação não costuma ser utilizada na fase de planejamento do trabalho escolar mais do que como esquema de referência inicial. Na fase de avaliação do trabalho, e posteriormente à organização da ação realizada dentro das salas de aula, utiliza-se para sistematizar em toda sua complexidade, e não de uma forma restritiva e *a priori*, a riqueza e a variedade de conceitos, procedimentos, valores, atitudes e normas que se trabalham na sala de aula. Um exemplo em que se concretiza esse processo é o que se reflete no Projeto "Os desertos: o deserto de Saara", desenvolvido numa turma do ensino fundamental, e que se encontra no Capítulo 7.

Na reflexão, colocação em prática e discussão sobre a forma de ordenar os conteúdos de instrução propostos por essa teoria, o professorado da escola foi descobrindo e estabelecendo a dificuldade que implica estabelecer uma separação estrita entre os diferentes conteúdos (conceituais, procedimentais e de atitude) e foi valorizando as críticas que foram sendo formuladas, especialmente a que faz referência a que o conhecimento das matérias aparece como algo estático, estruturável e ordenável numa sequência rígida, que não corresponde à realidade das variações, discussões e controvérsias no seio das disciplinas. Essa teoria enfatiza mais a concepção da matéria a partir da visão do especialista, e cria uma forma de ordenação dos diferentes conteúdos que possa ter sentido para ser repassada à organização informática de um sistema especializado, mas não parece recolher e incorporar as interações comunicativas que tornam possível a relação de ensino e aprendizagem em situações de sala de aula.

Essa reflexão crítica serviu para que o docente evitasse convertê-la numa norma rígida, numa forma artificial de organizar a prática do ensino. Por isso, levou-se em conta como recurso de reflexão e sistematização da prática educativa, mas nunca como uma pauta fechada de atuação. As conexões com as referências do currículo oficial, o projeto educativo e curricular do centro, e, sobretudo, o sentido de sequência, não tanto de conteúdos quanto das decisões que o docente vai tomando, são as que se encontram refletidas na figura seguinte.

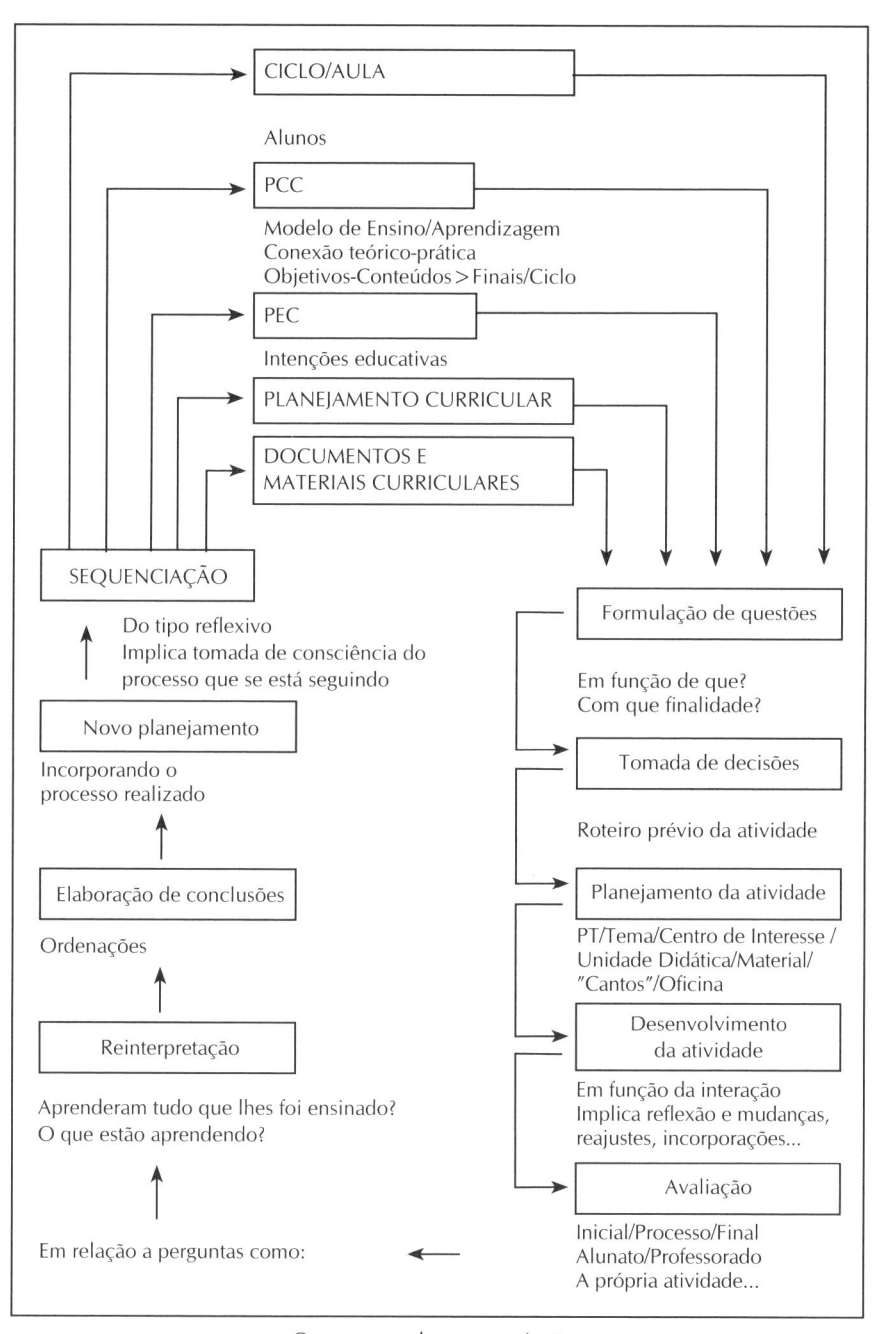

A organização do currículo por projetos de trabalho **37**

```
┌─────────────────────────────────────────────────────────────┐
│                    CICLO/AULA                               │
│                                                             │
│                    Alunos                                   │
│                    PCC                                      │
│                    Modelo de Ensino/Aprendizagem            │
│                    Conexão teórico-prática                  │
│                    Objetivos-Conteúdos > Finais/Ciclo       │
│                    PEC                                      │
│                    Intenções educativas                     │
│                    PLANEJAMENTO CURRICULAR                  │
│                    DOCUMENTOS E                             │
│                    MATERIAIS CURRICULARES                   │
└─────────────────────────────────────────────────────────────┘
```

- CICLO/AULA
  - Alunos
- PCC
  - Modelo de Ensino/Aprendizagem
  - Conexão teórico-prática
  - Objetivos-Conteúdos > Finais/Ciclo
- PEC
  - Intenções educativas
- PLANEJAMENTO CURRICULAR
- DOCUMENTOS E MATERIAIS CURRICULARES

SEQUENCIAÇÃO

Do tipo reflexivo
Implica tomada de consciência do processo que se está seguindo

Novo planejamento

Incorporando o processo realizado

Elaboração de conclusões

Ordenações

Reinterpretação

Aprenderam tudo que lhes foi ensinado?
O que estão aprendendo?

Em relação a perguntas como:

Formulação de questões

Em função de que?
Com que finalidade?

Tomada de decisões

Roteiro prévio da atividade

Planejamento da atividade

PT/Tema/Centro de Interesse /
Unidade Didática/Material/
"Cantos"/Oficina

Desenvolvimento da atividade

Em função da interação
Implica reflexão e mudanças,
reajustes, incorporações...

Avaliação

Inicial/Processo/Final
Alunato/Professorado
A própria atividade...

O processo de sequenciação.

O desenvolvimento curricular se concebe não linearmente e por disciplinas, mas pelas interações e em espiral

Na organização do trabalho diário substituiu-se o sentido das disciplinas pelo que o professorado veio a denominar "linguagens" (matemática, visual, comunicativa, científica), na medida em que se utilizam como recursos para interpretar e ordenar a informação. Esses recursos (as linguagens) devem ser ensinados, mas não favorecendo uma aprendizagem com algumas hipóteses e uma prática diferente da que se segue nos Projetos.

Da mesma forma, tratou-se de ir substituindo o acúmulo linear de informação pela busca de inter-relações entre diferentes fontes e problemas que pretendem conectar-se em espiral em torno de estruturas de conhecimento. Em sua origem, essa ideia provém da noção de "currículo em espiral" de Bruner (1969), para quem o importante no planejamento de um currículo é captar a estrutura fundamental das matérias (o ser vivo em biologia seria um exemplo) para depois ir desenvolvendo-a em seus diferentes níveis de complexidade. A finalidade dessa organização com ajuste a princípios ou ideias, diz Bruner, permite a generalização, desperta o interesse dos alunos e reduz a perda de memória. Essa noção foi útil para aplicá-la no estudo de temas e na extensão de certas operações, estratégias, problemas ou procedimentos de alguns temas a outros como via de globalização.

Nossa interpretação da noção de estrutura não se refere unicamente às disciplinas, e sim à maneira de promover um pensamento reflexivo nos alunos e em dotar-lhes de recursos para isso. Recursos que também se apresentam estruturados, na medida em que se relacionam, por seu conteúdo, mas adquirem diferente nível de complexidade segundo o ano no qual se abordam. A comparação da estrutura de aprendizagem relativa à organização da informação que se leva adiante em dois projetos com o mesmo título, mas estudados em dois anos diferentes (3º e 6º anos do ensino fundamental), e que se reflete na figura, pode servir como exemplo da intenção de apresentar estruturas de conhecimento, estratégias de aprendizagem em espiral atendendo aos diferentes níveis de complexidade que possam apresentar.

Ano Eixos de comparação	3º	6º
Estrutura do ano	Estabelecer relações causais e funcionais em torno de fatos e de informações	Organizar, avaliar e inferir novos sentidos, significados e referências sobre a informação
Perguntas iniciais	O que é um deserto? Como se formou?	Por que há desertos no mundo?
Procedimento organizador	Busca e organização de informação para formular definições	Busca e estruturação de informação para evidfenciar diferentes pontos de vista
Objetivos da professora	Aprender a tratar um tema em profundidade Distinguir o importante do episódico	Aprender a vincular as diferentes partes de um Projeto
Nexo condutor	Aprender a movimentar-se entre informações procedentes de diferentes fontes e meios	Construir o Projeto a partir de diferentes fontes e níveis de trabalho em sala de aula
Trabalho em grupo	Organizar a coleta, ordenação e apresentação da informação	Trabalho individual e em grupo para organizar o Projeto a partir de diferentes níveis

A organização em espiral do currículo a partir do exemplo de dois Projetos.

Esses dois aspectos (as linguagens e a interpretação do currículo em espiral) que tratam de orientar, em seu conjunto, o planejamento do currículo na escola, se manifestam nos seguintes aspectos da prática escolar:

1. A flexibilidade organizativa adotada nos Projetos de trabalho, que não correm o perigo de tornar-se normativos, a não ser que o professor caia na rotina.
2. A funcionalidade da qual se dotam as atividades das oficinas e "Cantos", sobretudo os de matemática e de língua.
3. A preocupação generalizada pelo tema do tratamento da informação e da criação de procedimentos para sua utilização.
4. A incorporação progressiva do plano de trabalho individual como atividade personalizada que regula a avaliação do que se aprende na sala de aula. Esses aspectos serão destacados e ampliados mais adiante, ao se dar atenção à organização dos Projetos e ao planejamento das atividades complementares a eles.

Todo o processo de estudo e reflexão anterior levou o professorado da escola a:

1. Conhecer e aprofundar, o que implica detectar a estrutura dos conhecimentos utilizados como organizadores das atividades, temas e conteúdos que são abordados em sala de aula (ver nota da página 35).
2. Aplicar essa estrutura no planejamento do trabalho de sala de aula.
3. Desenvolver um enfoque inter-relacional na aprendizagem e no tratamento da informação.
4. Dar ênfase à aprendizagem de estratégias e procedimentos instrumentais e cognitivos mais do que nos conteúdos informativos.
5. Manter uma conexão entre os diferentes objetivos finais do ciclo.
6. Estabelecer um acompanhamento diferencial e complementar na forma de articular os Projetos sobre o mesmo tema em torno de diferentes níveis de estruturação. Assim, no 3º, 6º e 7º anos do ensino fundamental, se trabalhou o tema do deserto. Nos três casos, a estrutura comum foi a adaptação dos seres vivos ao meio, mas enfatizando, no 3º ano, os aspectos descritivos; no 6º, os problemas que traz consigo a adaptação, e, no 7º, a perspectiva comparativa entre diferentes espécies e entornos.
7. O aprofundamento do sentido interdisciplinar como algo mais do que um somatório de matérias em torno de um tema.

Todos esses são aspectos que podem servir para ressituar a reflexão formativa dos docentes num processo de revisão constante da prática. Esta se organiza com critérios similares aos que recolhe o exemplo da figura, no qual duas professoras, uma de 1º e outra de 7º ano, comparam os temas, os conteúdos, o caminho procedimental e o objetivo de um projeto para os alunos, aspectos que giram em torno do tratamento da informação.

Ano	1º	7º
Projeto	A selva	A astronomia
Conteúdos	Classificação e verificação da informação	Ordenação e estruturação da informação
Percurso procedimental	Criar dúvidas, estabelecer hipóteses e contrastá-las	Estabelecer critérios de ordenação e agrupamento
Objetivo	Poder chegar a um consenso do grupo	Poder interpretar a informação

O planejamento do tratamento da informação em dois Projetos.

O processo de avaliação pretende ser formativo, contínuo, global, adaptado à diversidade, autoavaliativo e recíproco (dos alunos e do professorado)

Essa proposta predomina na escola como atitude frente à avaliação e foi se complementando com uma série de estudos sobre sua prática tanto no ensino fundamental (6º e 7º anos) (HERNÁNDEZ; CARBONELL; MASES, 1988), quanto na etapa inicial do ensino fundamental, no qual se propôs como avaliar os procedimentos que se introduzem nesse período.

Nesse sentido, um grupo de professores da escola se propôs um trabalho de aprofundamento sobre as possibilidades e os recursos de avaliação baseado nas estratégias cognitivas de resolução de problemas, em outras possibilidades de autoavaliação que vão além das perguntas habituais ("o que você aprendeu, para que lhe serviu") e na concretização das diferentes formas de avaliação que são utilizadas na prática de sala de aula e fora dela. É necessário destacar que o processo de trabalho do professorado não foi o mesmo nem com a mesma intensidade. Em determinados momentos, o interesse de um grupo serviu para facilitar a implicação de outros professores ou produziu controvérsia, o que é um elemento dinamizador da vida da escola se o professorado sabe situá-la profissionalmente. Tanto a uniformidade como o individualismo docente são duas formas de um mesmo falso ideal, que pode ser contestado pelo consenso nos aspectos de definição e desenvolvimento do currículo e numa redefinição do que implica o trabalho em equipe a partir das diferenças entre o professorado.

A escola valoriza como atitudes básicas a autonomia pessoal, o senso crítico, os valores laicos e o sentido da democracia e da participação

O sentido que essa proposição adota dentro das salas de aula e na escola em geral está dependente de definição e concretização, ainda que algumas de suas implicações tenham aparecido na experiência de definição dos objetivos terminais da escola, como se pode apreciar no Anexo 1, trabalho este que foi continuado durante os três últimos anos letivos com a colaboração do Planejamento Curricular Institucional; atualmente, está sendo realizada a reorganização e complementação dos objetivos finais da escola com as propostas da administração, tarefa que se complementará com a especificação dos conteúdos de cada área.

A escolha dos conhecimentos que se ensinam e aprendem na escola ficam demarcados pelo critério de atualização cultural

É necessário destacar que o esforço de atualização nas salas de aula é notável, sobretudo mediante a incorporação de novos temas e informações. A título de exemplo, podemos citar que se realizou o estudo de temas como: o aparecimento do buraco na camada de ozônio, as pesquisas que se realizam na Antártida, a problemática que implica estabelecer uma cronologia para as idades geológicas da Terra, as causas da extinção de formas culturais como a dos tuaregues, etc.

Todos esses aspectos definem o sentido da relação entre a teoria e a prática na escola e orientam uma forma de organização que explica e vai tornando possível a adaptação dos Projetos como pauta para a estruturação dos conhecimentos escolares. Mas, antes de nos introduzirmos nessa temática específica, vale a pena determo-nos no princípio de globalização que os orienta. A isso se dedica o próximo capítulo.

4

A globalização: um caminho entre a teoria e a prática

Como já foi dito, a necessidade que criou a demanda de realizar uma nova conexão entre a teoria e a prática na escola foi comprovar se estava sendo realizado um ensino globalizado. A intenção de que o aluno globalize os conteúdos e as aprendizagens é uma das orientações expressas pela atual reforma educativa, e também uma preocupação do professorado, pela adequação de seu trabalho à realidade social e cultural contemporânea.

A dificuldade de criar situações de globalização e a diversidade de práticas que se justificam com esse conceito levaram a escola a realizar um aprofundamento e a adotar uma postura a respeito dessa questão, e também a verificar, por meio de uma pesquisa, se, em realidade, os alunos globalizavam tal e como o professorado pretendia, ou seja, estabelecendo relações.

A fase da assessoria dedicada a aprofundar o sentido e a prática da globalização significou um extenso trabalho de observação nas salas de aula, de análise e de tomada de decisões sobre a ação, assim como de formação do professorado, para conhecer o modelo de globalização que se praticava e os modelos didáticos e psicológicos implícitos.

As referências psicopedagógicas que constituíam a definição da prática profissional na escola eram, por um lado, a aprendizagem por indução ou descoberta, e, por outro, os centros de interesse como forma básica de organização dos conhecimentos escolares. No próximo capítulo, estabelecemos uma comparação entre os Centros de Interesse e os Projetos de Trabalho.

Nessa mesma fase inicial, detectou-se que o que produzia insatisfação profissional nos professores podia concretizar-se nos seguintes aspectos:

1. A forma repetitiva de apresentar a informação para os alunos.
2. A dúvida sobre se aquilo que se pretende ensinar não seja o que a criança quer ou pode aprender.

Tudo isso introduzia novas necessidades; explicitar à classe o que se quer ensinar e como se vai fazê-lo; considerar a globalização em seu justo valor; e, sobretudo, refletir sobre como aprende cada aluno em função da intenção e dos meios que o docente tenha organizado.

A partir daqui, se pode estabelecer uma série de considerações mais amplas que ilustram o ponto de partida sobre a globalização que se introduz na escola e da qual os Projetos serão uma das expressões. Mas, em relação com a vinculaçao entre a teoria e a prática, é necessário introduzir a história das ideias ou, no mínimo, a que gira em torno do desejo e da intenção de promover um saber relacional.*

A GLOBALIZAÇÃO COMO PROBLEMÁTICA DA ORGANIZAÇÃO DOS SABERES

Geralmente, a articulação disciplinar que se apresenta nas escolas, e que se torna patente num currículo oficial por matérias, é o resultado de um processo de compartimentação do saber, devido a sua acumulação ao longo dos anos. Isso originou, por exemplo, um debate sobre as duas faces de uma mesma moeda, especialização ou interdisciplinaridade, e que constituiu a base de algumas importantes controvérsias sobre a preponderância e autonomia dos campos do saber.

Na atualidade, a problemática sobre a organização dos saberes (disciplinar, cumulativo, interdisciplinar, relacional) volta a ser motivo de debate, mas não só como resultado de alguns progressos epistemológicos, e sim porque, como assinala Gusdorf (1982), se pretende "uma compensação ou meio de defesa desesperado para preservar, no todo ou em parte, a integração do pensamento".

---
* Esse tema se encontra mais desenvolvido em Hernández e Sancho (1989).

Dessa forma, a definição sobre o sentido da globalização se estabelece como uma questão que vai além da escola, e que possivelmente, na atualidade, motivada pelo desenvolvimento das ciências cognitivas,* esteja recebendo um novo sentido, centrando-se na forma de relacionar os diferentes saberes, em vez de preocupar-se em como levar adiante sua acumulação. Não obstante, o problema não parece ser de competências ou especificidade de saberes, e sim de como realizar a articulação da aprendizagem individual com os conteúdos das diferentes disciplinas.

Vale a pena especificar as referências sobre as quais se apoia a globalização, e que são objeto não só do interesse intelectual dos professores, senão da atualidade que se foi assumindo em torno dela na educação escolar. No caso do professorado da Escola Pompeu Fabra, os autores que serviram de guia para estudar a noção de globalização em relação com a problemática dos saberes foram, sobretudo, Roland Barthes e Edgar Morin. Aquele propunha superar o sentido de acumulação de saberes em torno de um tema e enfrentar-se com a necessidade de criar novos objetos de saber a partir dos referenciais que sejam necessários incorporar para cada um deles. É, portanto, o tema ou o problema o que reclama a convergência de conhecimentos. Sua função articuladora é a de estabelecer relações compreensivas, que possibilitem novas convergências geradoras. É, definitivamente, mais do que uma atitude interdisciplinar ou transdisciplinar, uma posição que pretende promover o desenvolvimento de um conhecimento relacional como atitude compreensiva das complexidades do próprio conhecimento humano.

Trata-se de "colocar o saber em ciclo", como assinala Morin (1981), ou de "enciclopediar", ou seja, aprender a articular os pontos de vista disjuntos do saber num ciclo ativo".**

Tudo isso se complementa com o ideal do físico Bohm (1987), para quem "a experiência e o conhecimento são um só processo" que nos há de levar a assumir a realidade como uma totalidade e não como

---

* O conjunto de trabalhos apresentados pela UNESCO na Revista Internacional de Ciências Sociais (VV.AA., 1988) constitui, além de uma introdução ao tema, um bom exemplo das múltiplas aplicações que esse enfoque está recebendo na atualidade nos distintos âmbitos disciplinares.
** Para ampliar a posição de Morin sobre esse tema, é possível consultar Morin e Piatelli (1982).

um fragmento, tal como os indivíduos a estão construindo para "facilitar sua organização" ao longo dos séculos.

Isso implica pretender que os estudantes e os professores "reaprendam a aprender", em frase do próprio Morin, pois, do que se trata, em suma, é de "servirmo-nos de nosso pensamento para repensar nossa estrutura de pensamento". A chave desse rolo é o grande tema, a interrogação atual das ciências cognitivas. A escola não pode dar as costas a ele, alegando que não há resultados definitivos ou que as aproximações realizadas até agora têm muito de metafóricas em relação ao conhecimento e ao aprender humano. Mas, começar a propor-se o que isso implica, em forma de tomada de postura inicial, é o que se deriva dessa discussão e marca alguma das linhas nas quais se pode concretizar a globalização na educação: o caminho do conhecimento implica busca e aprofundamento das relações que seja possível estabelecer em torno de um tema, relações tanto procedimentais como disciplinares; mas também do desenvolvimento da capacidade de propor-se problemas, de aprender a utilizar fontes de informação contrapostas ou complementares, e saber que todo ponto de chegada constitui em si um novo ponto de partida.

A GLOBALIZAÇÃO NA EDUCAÇÃO

Assim, pois, se a globalização dos saberes torna-se controvertida e problemática, outro tanto acontece quando se tenta plasmá-la na educação escolar. Nesta, reina uma certa confusão que pode ser interpretada como prova de algumas contradições entre a declaração de intenções e a prática, entre os enunciados e a tomada de decisões, como foi colocado em evidência em Hernández (1992).

Assim, encontramos que, junto à noção de globalização, aparecem outras noções, como pluridisciplinariedade, ensino integrado, interdisciplinariedade, sendo esta última a que mais mereceu a atenção dos especialistas.*

---

* Sobre as visões dos especialistas em torno da interdisciplinariedade, podem ser consultados Antiseri (1976), Asensio (1987), Hernández (1987), Scurati e Damiano (1977).

Mas, antes de oferecer nossa visão sobre a globalização, é preciso explicitar por que é necessário desenvolver propostas globalizadoras ou planejamentos interdisciplinares nas aprendizagens escolares. Podemos apontar diferentes argumentações:

1. Em primeiro lugar, há uma argumentação sociológica derivada, sobretudo, da necessidade de adaptação da escola às múltiplas fontes de informação que veiculam os conhecimentos que se deve "saber para preparar-se para a vida". A impossibilidade de "conhecer tudo" originou a necessidade de aprender como se relaciona o que se conhece, e a estabelecer sua vinculação com o que o aluno pode chegar a conhecer.

Serve como apoio desse argumento o recente informe do Clube de Roma intitulado "A primeira revolução global". Nele, se assinala como um dos problemas que afetam a educação o que "a enorme magnitude do saber acumulado em todos os campos significa que já não sabemos escolher o que é que se deve transmitir". Isso faz, na opinião dos especialistas redatores desse informe, a educação escolar ter que estabelecer-se os seguintes objetivos: combinar a aquisição de conhecimentos, a estruturação da inteligência e o desenvolvimento das faculdades críticas; desenvolver o conhecimento de si próprio; avivar, de forma permanente, as faculdades criativas e imaginativas; ensinar a desempenhar um papel responsável na sociedade; ensinar a comunicar-se; ajudar os estudantes a prepararem-se para mudar e capacitá-los para adquirir uma visão global.

2. O que foi dito anteriormente nos conduz a uma nova argumentação, de ordem psicológica, que se fundamenta em algumas das concepções atuais sobre o aprender, sobretudo daquelas que tendem a favorecer a criação de contextos de ensino que, partindo dos níveis de desenvolvimento dos alunos, lhes apresente situações de aprendizagem caracterizadas por sua significatividade e funcionalidade, de maneira que cada estudante possa "aprender a aprender". Ou seja, que seja "(...) capaz de realizar aprendizagens significativas por si só numa ampla gama de situações e circunstâncias" (COLL, 1986b).

As contribuições da psicologia cognitiva sobre o aprender ou a influência das concepções sistêmicas sobre o estudo da representação da realidade foram alguns dos enfoques a partir dos quais se foi desenrolando um sentido de globalização baseado em que o estudante deva aprender a encontrar e estabelecer conexões na informação.

O sentido de relação que aqui se defende não se fundamenta tanto na competência pessoal como na possibilidade de aprender, desde o princípio da escolarização, a relacionar-se com a informação, refletindo sobre ela de uma forma crítica. Isso pode permitir (e essa experiência assim o comprova), com a ajuda do professorado, que se vá introduzindo e buscando possíveis hipóteses ou explicações diante dos problemas que a informação pode apresentar sobre um tema. Não se trata de favorecer o enciclopedismo ou a acumulação receptiva de informação, e sim de estimular, pela utilização de diferentes procedimentos e estratégias, a seleção da informação para favorecer a autonomia progressiva do aluno.

Isso não só como resposta a uma concepção psicológica de aprendizagem, mas também como um objetivo educativo num mundo em que torna necessário aprender a utilização de estratégias e metodologias que permitam estabelecer novas relações, para poder adaptar-se a algumas necessidades de trabalho em transformação, a uma sociedade informatizada na qual as pessoas terão que saber como agir para extrair e elaborar conhecimentos a partir do fluxo enorme de informação disponível.

3. Mas a argumentação principal não se encontra nas propostas sociológicas ou psicológicas, e sim num terceiro aspecto que faz referência a uma visão interdisciplinar na prática didática da classe. Essa necessidade globalizadora se reflete na atividade do professorado que pretende a "(...) organização de aprendizagens em torno de temas diversos, chamados também de centros de interesse, unidades didáticas ou núcleos temáticos, que deverão interessar às crianças e, inclusive, serem sugeridos por elas" (RIERA: VILARRUBIAS, 1986), atividade que pretende, como assinalam esses autores, "chegar a obter o conhecimento de um tema desde múltiplas perspectivas". No entanto, essa proposta estabelece dúvidas na prática. O motivo que originou o início da reflexão sobre o currículo na Escola

Pompeu Fabra é um bom exemplo disso. A proposta globalizadora, de um ponto de vista didático, torna-se limitada, sobretudo se é o professor quem decide o que se vai aprender e que fontes de informação serão estudadas, e não encara a situação de cada grupo e cada indivíduo dentro da sala de aula, partindo de sua própria evolução.

Por tudo que foi dito, o objetivo da globalização cifrada em que a criança "estabeleça relações com muitos aspectos de seus conhecimentos anteriores enquanto, ao próprio tempo, vai integrando novos conhecimentos significativos" não deixa de ser, sobretudo, um marco de reflexão teórica útil sobre o aprender, reflexão que foi evidenciada em várias ocasiões ao longo do processo de inovação, no qual se manifestou que essa atividade de integração dos conhecimentos torna-se difícil de organizar didaticamente e exige uma atitude de investigação flexível por parte do professorado, para detectar se é compreendida pelos alunos na complexa vida cotidiana da sala de aula.

Diferentes concepções sobre a globalização que se refletem na prática escolar

Quando, no processo de inovação, se colocou o que era a globalização do ponto de vista escolar, se viu que era necessário abordar as diferentes concepções e práticas do professorado denominadas com esse termo. Devemos levar em conta que, quando se fala de globalização, ocorre, como com outros temas, que nem todo o mundo queira nem esteja dizendo a mesma coisa, e, portanto, a maneira de realizá-la difere notavelmente segundo o caso que se observe e segundo quem o tenha desenvolvido. A pergunta que nos propomos a responder é: que quer dizer "globalização" na prática dos que ensinam? Na tentativa de respondê-la, podem ser detectados pelo menos três sentidos diferentes: somatório de matérias, interdisciplinariedade e estrutura de aprendizagem.

A globalização como somatório de matérias

Esta é a noção de globalização que se encontra na prática escolar de uma forma mais generalizada. Produz-se quando o docente, partindo de um tema que surge da turma ou que venha nas programações oficiais ou em livros-texto, trata de propor aos alunos algumas relações. Para isso, vai fazendo confluir diferentes conteúdos de várias matérias em torno do tema escolhido. Os problemas de matemática, os textos de linguagem, as experiências propostas à turma se agrupam em torno de um tema comum.

Esse tipo de globalização responde basicamente a uma concepção do que seja o relacionar de caráter somatório. Está, geralmente, centrada no docente, já que é este quem toma as decisões sobre a conexão que se pode estabelecer entre os conteúdos das diferentes matérias, e é quem determina os enunciados ou os diferentes sentidos que estas possam adotar. Por isso, é uma concepção da globalização basicamente externalista, já que o nexo comum – o tema que se trabalha – são os conteúdos das diferentes disciplinas em forma de episódio circunstancial. Por exemplo, se os estudantes dos anos finais do ensino fundamental venham a trabalhar a Revolução Industrial, os exercícios de linguagem e os enunciados dos problemas matemáticos terão como enunciado essa temática histórica. Isso também acontece com a orientação dada às unidades didáticas; nelas, a partir de um enunciado, por exemplo "A água", se tenta introduzir os conteúdos das diferentes áreas curriculares. Os alunos se aproximarão da matemática, do conhecimento do meio, da língua e da literatura, da educação visual e plástica e da educação física a partir da desculpa do tema da água.

Segundo essa concepção da globalização, é o professor ou a situação os que reclamam e forçam o estabelecimento de conexões disciplinares. O efeito desse tipo de concepção foi expressado por um aluno do 6º ano do ensino fundamental, dizendo: "Já que estamos estudando o tema do deserto, podemos aplicar a matemática para o estudo de diferentes formas geométricas que apresentam as tendas e casas daqueles que habitam esse entorno". Ainda que o comentário possa satisfazer a muitos docentes como exemplo de um bom aluno, que "sabe" globalizar, no entanto, os conteúdos que são trabalhados não se inferem necessariamente do tema proposto, não mantêm em torno dele uma relação de clara pertinência. O aluno responde relacionalmente devido à situação que lhe é oferecida, pressionado pela circunstância apresentada pelo docente. Quando aquela varia ou a pressão desaparece, opta por trabalhar de forma autônoma cada matéria.

Muitas das sequências organizativas dos conhecimentos escolares realizadas através de centros de interesse ou unidades didáticas costumam adotar esse sentido de globalização. Neles, os alunos podem escolher um tema, que costuma coincidir ou ser transformado pelo professor num do programa de curso. É o professorado quem proporciona as fontes de informação e que estabelece as relações que os estudantes vão levar adiante. A globalização tem assim, se pensa, um caráter motivador, pois a confluência de conteúdos em torno de um mesmo tema torna mais fácil a assimilação do aluno. No entanto, essa confluência é um episódio, um esforço circunstancial que pouco tem a ver com a estrutura das disciplinas ou com um enfoque da aprendizagem que dote os estudantes de recursos e procedimentos para aprender.

A globalização a partir da conjunção de diferentes disciplinas

A interdisciplinariedade se entende fundamentalmente como "(...) a tentativa voluntária de integração de diferentes ciências com um objetivo de conhecimento comum" (ASENSIO, 1987), integração que, segundo esse autor, pode produzir-se entre disciplinas próximas em seus métodos ou nos objetos que abordam, ou entre saberes distantes frente aos quais se faz necessário "(...) um considerável esforço entre seus modos de ver a realidade e entre seus conteúdos".

A concepção da globalização vinculada ao tratamento interdisciplinar tem lugar, sobretudo, nos anos finais do ensino fundamental e no ensino médio. Parte do interesse do professorado de distintas matérias que se trabalhe em equipe e em tratar que os alunos descubram que os temas estão relacionados entre si. A diferença fundamental com a concepção anterior é que o sentido de sumário se amplia e a intenção relacional se acentua. Por outro lado, se vai além das propostas individuais, já que se deve produzir a convergência de um grupo de docentes para estabelecer, em conjunto, um tema.

O propósito desse enfoque é oferecer uma resposta à necessidade de mostrar e ensinar aos alunos a unidade do saber. Deseja-se alcançar isso a partir da colocação em comum da visão de diferentes disciplinas em torno de um tema, mas, geralmente, sem intercâmbios relacionais reais entre esses saberes. Cada professor costuma dar sua visão do tema, e o estudante volta a encontrar-se com a ideia de que globalizar seja somar informação disciplinar, ainda que gire em torno de um mesmo enunciado. Com esse enfoque, não se costuma estabelecer como o aluno realizará as relações que supostamente vai aprender e se realmente concretizará o descobrimento de inter-relação que o professor lhe coloca.

Em todo caso, essa visão da globalização é também externa ao processo da aprendizagem do aluno. Deriva do esforço e dos conhecimentos do professorado; a divisão disciplinar prevalece como sentido normalizado do saber e oferece uma superestrutura organizativa que pretende oferecer aos estudantes uma visão integrada do tema que se aborda, com o objetivo de que captem a relação entre as diferentes disciplinas para que, assim, tenham um "acesso mais rico e direto à realidade dos problemas".

A posição interdisciplinar se fundamenta na crença de que o aluno possa estabelecer conexões pelo simples fato de serem evidenciadas pelo professor, e em que o somatório de aproximações a um tema permita, por si próprio, resolver os problemas de conhecimento de uma forma integrada e relacional. Estudos como os realizados por Barret (1986), em torno da complexidade de operações que um estudante vá realizar ante a informação que lhe será apresentada na sala de aula, questionam que esses objetivos sejam tão simples de alcançar. No mesmo sentido, Snow (1986) propôs que a compreensão das situações de aprendizagem, a partir da ótica do professorado e sem levar em conta como os estudantes realmente aprendem, conduz, em determinadas ocasiões, a avaliações apressadas sobre a eficácia de uma proposta didática ou sobre o fracasso dos estudantes diante dela.

A interdisciplinariedade nos é apresentada como uma tentativa de uma organização da informação, dos conhecimentos escolares, partindo de uma visão disciplinar que tenta centralizar-se em alguns temas contemplados a partir de múltiplos ângulos e métodos. O peso dessa tarefa recai nos diferentes professores de cada uma das matérias, sendo eles que se propõem ir além das disciplinas. Ocasionalmente, essas propostas pecam por ingenuidade, já que, tendo em vista alguns exemplos, estas se limitam a que cada professor, individualmente, apresente aos estudantes a visão da matéria na qual cada um é especialista em torno do tema tratado. Espera-se que os alunos relacionem o que lhes é oferecido fragmentado. Pede-se a eles que globalizem por um processo persuasivo e que façam inferências dos diferentes conteúdos, quando estes são produto de pontos de vista e enfoques que não aparecem relacionados além do esforço do professorado.

Assim acontece, por exemplo, quando um grupo de docentes estabelece um núcleo temático em torno da Revolução Francesa, e tenta oferecer aos alunos a visão filosófica, o desenvolvimento da ciência nesse período, as obras literárias as quais deu origem ou as explicações históricas de sua gênese. Oferecendo todas essas referências aos estudantes, se pretende que eles realizem e sigam um caminho globalizador. Mas o problema, como apontam Elliot (1984) e Snow (1986), é que não existem garantias de que o estudante assuma, ou seja, que possa tornar significativo esse sentido relacional que lhe é proposto, visto que não possui os dados implícitos da informação que esse tipo de aprendizagem interdisciplinar requer. Os adultos costumam dar por hipótese a obviedade dessas relações porque lhes parece que os alunos sejam capazes de captar, por si mesmos, o que implica percorrer um tema a partir de distintos pontos de vista. Mas, já que, geralmente, não há um problema a resolver, uma hipótese a verificar ou uma pergunta a responder, ou já que não se explica que procedimentos vão ser utilizados para estabelecer relações, os estudantes acabam tendo a sensação de que recebem informação de diferentes visões disciplinares que versam sobre um mesmo tema. Sensação que se confirma com o fato de que as intervenções do professorado estão distribuídas em diferentes momentos: o professor de História falará do tema em seu período, depois o fará a professora de Física, depois o de Literatura, com o que a organização temporal da prática didática não dará a possibilidade de levar adiante e mostrar aos estudantes o que quer dizer, efetivamente, uma relação interdisciplinar em torno de um tema.

Ainda que, do ponto de vista didático e da organização de um centro, essa proposta seja valiosa, pelo que significa de esforço coordenador entre o professorado, de uma perspectiva que tente realizar uma aprendizagem globalizadora, oferece dúvidas razoáveis. Numa organização interdisciplinar assim estabelecida, continua implícito que os alunos aprendam a partir do somatório de informações. Isso ocorre, talvez, porque não se costume levar em conta que aprender a estabelecer vínculos entre diferentes fontes de informação implique acrescentar novos níveis de dificuldade às complexas relações entre a estrutura do conhecimento diferencial de cada estudante e as estratégias de aprendizagem, que irão desenvolver.

Para Doyle (1979), esse tipo de proposta com intenção globalizadora torna-se intrinsecamente ambígua, especialmente porque não se especifica aos estudantes, antecipadamente, o que necessitam conhecer para chegar a descobrir e a estabelecer relações. Ambiguidade que se multiplica se, na hora da avaliação, esta se realize partindo de uma visão meramente instrumental do ensino e da aprendizagem, e só se dê ênfase aos conteúdos informativos e de caráter memorístico.

Deve se levar em conta, além disso, que só uma estratégia sequencial e interconectada de atividades de aprendizagem, na qual também se leve em consideração os problemas cognitivos que serão resolvidos, pode permitir que os alunos cheguem a compreender as problemáticas que as diferentes disciplinas apresentam nos temas propostos. No exemplo da Revolução Francesa, antes citado, seria necessário oferecer aos estudantes estratégias que lhes ajudassem a interconectar as noções empíricas e filosóficas envolvidas nesse tema. Estratégias que lhes facilitassem poder incorporar os novos conhecimentos vão sendo adquiridos dentro de pautas cronológicas com relevância histórica, conforme a intenção de aprendizagem do docente.

A globalização, no nosso ponto de vista, implica a possibilidade de que os alunos possam estabelecer inferências e relações por si mesmos, enquanto, geralmente, a interdisciplinariedade responda à atitude organizativa de quem ensina. A questão está em como tornar coincidentes ambos os enfoques. Algumas dessas propostas poderiam ser abordadas de uma maneira satisfatória se, com o enfoque interdisciplinar da globalização, os alunos aprendessem a enfrentar problemas específicos dentro dos temas objeto de estudo, o que implica assumir, definitivamente, que são eles que vão aprender a globalizar.

Tornar efetiva essa intenção implica um longo caminho, como o experimentamos com os professores da Escola Pompeu Fabra, dado que não se trata de incorporar algumas estratégias didáticas ou melhorar o domínio de uma disciplina, e sim de assumir uma concepção diferente de globalização e uma atitude diferente frente ao ensino.

A globalização como estrutura psicológica da aprendizagem

Esse enfoque se fundamenta nas referências apresentadas pela proposta construtivista da aprendizagem e no desenvolvimento de um ensino para a compreensão baseada no estabelecimento de relações estruturais e críticas entre as diferentes fontes de informação que aporta e recebe o estudante. A definição de aprendizagem para a compreensão implica que os estudantes devam levar adiante tarefas reconstrutivas, reconstrutivas globais e construtivas com a informação a qual têm acesso na sala de aula. A compreensão reconstrutiva comporta a capacidade de compreender uma informação apresentada em termos dos conceitos e ideias a que refere. A compreensão reconstrutiva global implica a capacidade de situar a informação no marco das ideias-chave e procedimentos que estruturam uma disciplina de pensamento. A compreensão construtiva implica a atitude de propor novas perguntas à informação e construir significados novos e originais a partir dela. Para ampliar essa visão, pode ser consultada a obra de Elliot (1984).

Mas, sobretudo, esse enfoque se apoia na premissa psicopedagógica de que, para tornar significativo um novo conhecimento, é necessário que se estabeleça algum tipo de conexão com os que o indivíduo já possua, com seus esquemas internos e externos de referência, ou com as hipóteses que possam estabelecer sobre o problema ou tema, tendo presente, além disso, que cada aluno pode ter concepções errôneas que devem ser conhecidas para que se construa um processo adequado de ensino-aprendizagem.

Daí se deriva uma noção de globalização que não se fundamenta tanto no que se ensina (os conteúdos de uma ou de várias matérias curriculares em torno de um mesmo tema) como nas relações que o esforço dos professores pretende estabelecer. O que se destaca, sobretudo, é a função que, por um lado, se outorga, na hora de ensinar, a toda sequência de aprendizagem que os alunos vão realizar e a interpretação significativa que o docente fará de suas respostas. Por outro lado, se concede um especial valor às inter-relações comunicativas que se estabelecem entre as intenções, os recursos e as atividades propostos pelos professores, e às conexões que, a partir de seus conhecimentos iniciais, cada estudante possa chegar a estabelecer. Essas afirmações precisam de algumas matizações.

Essa perspectiva parece coincidente com a opinião de Coll (1986a), de que o princípio de globalização traduz a ideia de que a aprendizagem não se realiza por uma simples adição ou acumulação de novos elementos à estrutura cogniscitiva do aluno. Essa visão assume, pelo contrário, que as pessoas estabelecem conexões a partir dos conhecimentos que já possuem e, em sua aprendizagem, não procedem por acumulação, e sim pelo estabelecimento de relações entre as diferentes fontes e procedimentos para abordar a informação. E, portanto, uma forma diferente de conceber a relação de ensino-aprendizagem. Não é um novo enfoque didático que se interesse em elaborar novas sequências ou formas de apresentação dos conteúdos disciplinares, nem responde a uma nova articulação das disciplinas ou matérias, concebida de uma forma mais complexa e desde o prisma de que assim os alunos adquirem um melhor conhecimento da realidade (ASENSIO, 1987).

Essa visão psicopedagógica trata de superar o sentido de acumulação de saberes em torno de um tema, e pretende estabelecer novos objetivos de saber a partir dos referenciais que seja necessário incorporar por parte de cada estudante. E, como apontávamos, uma nova forma de aprender que o próprio professor há de ser o primeiro a incorporar.

Uma perspectiva de globalização que pretenda alcançar esse objetivo requer que o tema ou o problema abordado em sala de aula seja o fator no qual confluam os conhecimentos que respondam às necessidades de relação que o aluno pode estabelecer e o docente vá interpretar. Reclama, por isso, no professor, uma atitude de flexibilidade frente à descoberta dos conhecimentos que vão conformando as respostas ou dúvidas dos estudantes diante do tema proposto. Daí provém que, seguir modelos de concretização curricular pré-fixados, ou aplicar uma sequenciação de conteúdos dominada por uma exaustiva concretização, nem sempre facilita a adaptação para a evolução da classe e torna difícil que o professorado possa levar adiante esse enfoque de globalização.

Mas, além disso, partindo desse enfoque, se pretende que os alunos vão aprendendo, ao longo da escolarização, a explicar as relações que possam encontrar na informação. Essa intenção não pretende ser um modelo idealmente totalizador em relação com a aprendizagem. Longe disso, se trata de facilitar aos estudantes, de uma maneira compreensiva, procedimentos de diferentes tipos que lhes permitam ir aprendendo a organizar seu próprio conhecimento, a descobrir e estabelecer novas interconexões nos problemas que acompanham a informação que manipulam, adaptando-os a outros contextos, temas ou problemas.

Não é necessário insistir na ideia de que os fundamentos cognitivos que avalizam essa prática abrem um interessante campo de pesquisa educativa sobre como os alunos aprendem. São estudos que devem ser unidos às pesquisas básicas sobre a aprendizagem, derivadas, sobretudo, dos modelos que as ciências cognitivas estão elaborando.*

Definitivamente, essa proposta pretende desenvolver no estudante um senso, uma atitude, uma forma de relacionar-se com a nova informação a partir da aquisição de estratégias procedimentais, que faça sua aprendizagem ir adquirindo um valor relacional e compreensível. Tal intenção parece a mais adequada se o que se pretende é aproximar-se à complexidade do conhecimento e da realidade e adaptar-se com um certo grau de flexibilidade às mudanças sociais e culturais.

Para levar adiante esse enfoque globalizador, podem ser adotadas diferentes formas organizativas dos conteúdos curriculares. Pode-se partir de uma definição de objetivos gerais, especificando-os e adaptando-os progressivamente em função da situação e da evolução da turma. Essa perspectiva pode vincular-se a enfoques curriculares que organizem os conhecimentos escolares por disciplinas, atividades, interesses, temas ou projetos de trabalho (HERNÁNDEZ; SANCHO, 1989), ainda que nem todas elas apresentem as mesmas limitações no momento de levá-lo à prática; limitações que provêm mais do peso da excelência das matérias, das resistências à mudança de atitude profissional por parte do professorado e dos estereótipos do sistema escolar, do que da própria dificuldade da orientação globalizadora dos conhecimentos sob qualquer dessas modalidades.

Apesar disso, torna-se compreensível que seja árduo, para muitos docentes, concretizar, na prática, os princípios de globalização, que se refletem na "proposta de sequenciação dos conteúdos de acordo com os processos de aprendizagem significativa, como nos critérios para planejar atividades de ensino e aprendizagem, que devam figurar no primeiro nível de concreção" de um planejamento curricular (COLL, 1986b).

Mas, além dessa dificuldade em relação aos fundamentos psicopedagógicos, parece evidente que o problema fundamental para levar adiante uma proposta de globalização não recaia tanto sobre propostas de organização curricular quanto, segundo assinala o próprio Coll, em sua instrumentalização didática. Nesse sentido, há formas de organização dos conhecimentos escolares, como as que se refletem em alguns

---

* O livro de Pozo (1989) sobre o enfoque cognitivo em diferentes teorias de aprendizagem pode ser de grande ajuda para que se tenha contato, com detalhes, com os conhecimentos que se estão desenvolvendo nesse campo a partir da denominada pesquisa básica.

dos materiais curriculares elaborados até agora para o desenvolvimento do Planejamento Curricular, que partem de concepções disciplinares ou de matérias, tanto no planejamento dos conceitos quanto nas estratégias procedimentais. Isto leva a quem as desenvolver seguir algumas pautas organizativas que não se constróem a partir de problemas e situações da prática. Por isso, dificilmente se possa realizar uma proposta globalizadora como a que se propôs neste capítulo.

Outras propostas, como as que organizam o currículo por atividades, temas ou Projetos, trazem consigo uma maior possibilidade de flexibilidade e abertura no planejamento e na hora de sua colocação em prática. Isso foi o que experimentamos na organização dos conhecimentos escolares por meio de Projetos, organização que, do nosso ponto de vista, pode ilustrar este último enfoque da globalização.

5

Os projetos de trabalho: uma forma de organizar os conhecimentos escolares

A proposta que inspira os Projetos de trabalho está vinculada à perspectiva do conhecimento globalizado e relacional ao qual dedicamos o capítulo anterior. Essa modalidade de articulação dos conhecimentos escolares é uma forma de organizar a atividade de ensino e aprendizagem, que implica considerar que tais conhecimentos não se ordenam para sua compreensão de uma forma rígida, nem em função de algumas referências disciplinares preestabelecidas ou de uma homogeneização dos alunos. A função do projeto é *favorecer a criação de estratégias de organização dos conhecimentos escolares em relação a: l) o tratamento da informação, e 2) a relação entre os diferentes conteúdos em torno de problemas* ou hipóteses que facilitem aos alunos a construção de seus conhecimentos, a transformação da informação procedente dos diferentes saberes disciplinares em conhecimento próprio.

Como indicamos, um projeto pode organizar-se seguindo um determinado eixo: a definição de um conceito, um problema geral ou particular, um conjunto de perguntas inter-relacionadas, uma temática que valha a pena ser tratada por si mesma... Normalmente, superam-se os limites de uma matéria. Para abordar esse eixo em sala de aula, se procede dando ênfase na articulação da informação necessária para tratar o problema objeto de estudo e nos procedimentos requeridos pelos alunos para desenvolvê-lo, ordená-lo, compreendê-lo e assimilá-lo. Quando um professor ou uma professora pretende tratar em sala de aula do tema "a pesca", além das motivações particulares do contexto em que trabalha e no qual as crianças tomam consciência de um setor produtivo, se estabelece qual possa ser a estrutura; o fio condutor que, presente nesse tema, possa ser transferido a outros. Estudar "a relação entre uma profissão e uma forma de vida" pode ser o nexo, adaptado a cada acaso, também presente em temas de Biologia, História, Antropologia, etc.

ORIGEM E SENTIDO DOS PROJETOS NA ESCOLA

O professorado da Escola Pompeu Fabra se propôs, como já se disse, a refletir sobre se estavam realizando um ensino baseado na globalização. Naquele momento, a relação entre ensino e aprendizagem se concretizava como:
1. Uma organização dos conteúdos curriculares baseada nos centros de interesse.
2. Uma intervenção psicopedagógica preocupada em como favorecer a aprendizagem a partir da diversidade, não a partir das características e déficit dos alunos.
3. Um trabalho de equipe de vários anos que reclamava e possibilitava a necessidade de questionar e inovar a prática docente.

Dos diferentes sentidos de globalização analisados no capítulo anterior, o que se pretende desenvolver com os Projetos é buscar a estrutura cogniscitiva, o problema eixo, que vincula as diferentes informações, as quais confluem num tema para facilitar seu estudo e compreensão por parte dos alunos.

Para levar adiante a organização curricular a partir de Projetos de trabalho, foram sendo explicitadas na escola as bases teóricas que os fundamentam e as quais já prestamos uma atenção detalhada. Delas, vale a pena recordar, por sua especial relação com o tema que agora nos ocupa, as seguintes:

1. Um sentido da aprendizagem que quer ser *significativo*, ou seja, que pretende conectar e partir do que os estudantes já sabem, de seus esquemas de conhecimento precedentes, de suas hipótese (verdadeiras, falsas ou incompletas) ante a temática que se há de abordar.

2. Assume como princípio básico para sua articulação, a *atitude favorável para o conhecimento* por parte dos estudantes, sempre e quando o professorado seja capaz de conectar com seus interesses e de favorecer a aprendizagem.
3. Configura-se a partir da *previsão*, por parte dos docentes, de uma estrutura lógica e sequencial dos conteúdos, numa ordem que facilite sua compreensão. Mas sempre levando em conta que essa previsão constitui um ponto de partida, não uma finalidade, já que pode ficar modificada na interação da classe.
4. Realiza-se com um evidente *sentido de funcionalidade* do que se deve aprender. Para isso, torna-se fundamental a relação com os procedimentos, com as diferentes alternativas organizativas aos problemas abordados.
5. Valoriza-se a *memorização compreensiva* de aspectos da informação, com a perspectiva de que esses aspectos constituem uma base para estabelecer novas aprendizagens e relações.
6. Por último, *a avaliação* trata, sobretudo, de analisar o processo seguido ao longo de toda a sequência e das inter-relações criadas na aprendizagem. Parte de situações nas quais é necessário antecipar decisões, estabelecer relações ou inferir novos problemas.

Os Projetos de trabalho são uma resposta – nem perfeita, nem definitiva, nem única – para a evolução que o professorado do centro acompanhou e que lhe permite refletir sobre sua própria prática e melhorá-la.

Definitivamente, a organização dos Projetos de trabalho se baseia fundamentalmente numa concepção da globalização entendida como um processo muito mais interno do que externo, no qual as relações entre conteúdos e áreas de conhecimento têm lugar em função das necessidades que traz consigo o fato de resolver uma série de problemas que subjazem na aprendizagem. Esta seria a ideia fundamental dos Projetos. A aprendizagem, nos Projetos de trabalho, se baseia em sua significatividade, na diferença dos Centros de interesse, que, segundo uma professora da escola, "baseiam-se nas descobertas espontâneas dos alunos".

Globalização e significatividade são, pois, dois aspectos essenciais que se plasmam nos Projetos. É necessário destacar o fato de que as diferentes fases e atividades que se devam desenvolver num Projeto ajudam os alunos a serem conscientes de seu processo de aprendizagem e exige do professorado responder aos desafios que estabelece uma estruturação muito mais aberta e flexível dos conteúdos escolares.

É importante constatar que a informação necessária para construir os Projetos não está determinada de antemão, nem depende do educador ou do livro-texto, está sim em função do que cada aluno já sabe sobre um tema e da informação com a qual se possa relacionar dentro e fora da escola. Isso evita o perigo da estandardização e homogeneização das fontes de informação, e, por sua vez, o intercâmbio entre as informações que são aportadas pelos membros do grupo contribui para a comunicação.

OS PROJETOS DE TRABALHO: OUTRA FORMA DE CHAMAR OS CENTROS DE INTERESSE?

Na escola, o professorado tinha uma ampla experiência didática que se refletia num desenvolvimento curricular por matérias (sobretudo de Matemática, Língua e Ciências Sociais). No ensino fundamental (anos iniciais e nos 6º e 7º anos), se realizavam sessões de trabalho a partir de uma organização da classe por "Cantos" ou oficinas. Tudo isso, além das aulas de Música, Educação Física e Informática. Mas o núcleo principal de homogeneização de toda escola, em sua forma de organizar os conhecimentos, era a realização de Centros de interesse.

A argumentação da concepção didática do Centro de interesse se apoia, em linhas gerais, num duplo ponto de partida psicopedagógico. Por um lado, destaca o princípio da aprendizagem por descoberta, que estabelece que a atitude para a aprendizagem por parte dos alunos é mais positiva quando parte daquilo que lhes interessa, e aprendem da experiência do que descobrem por si mesmos. E, por outro lado, um princípio da Escola Ativa, que se refere ao exercício da educação como prática democrática, que outorga às assembleias de classe a decisão sobre o que se deve aprender. As diferenças entre as duas maneiras de organizar o conhecimento escolar, por Centros de interesse e por Projetos de trabalho, se encontram esquematizadas na figura a seguir:

Elementos	Centros de interesse	Projetos
Modelo de aprendizagem	Por descoberta	Significativa
Temas trabalhados	As Ciências Naturais e Sociais	Qualquer tema
Decisão sobre quais temas	Por votação majoritária	Por argumentação
Função do professorado	Especialista	Estudante, intérprete
Sentido da globalização	Somatório de matérias	Relacional
Modelo curricular	Disciplinas	Temas
Papel dos alunos	Executor	Copartícipe
Tratamento da informação	Apresentada pelo professorado	Busca-se com o professorado
Técnicas de trabalho	Resumo, destaque, questionários, conferências	Índice, síntese, conferências
Procedimentos	Recompilação de fontes diversas	Relação entre fontes
Avaliação	Centrada nos conteúdos	Centrada nas relações e nos procedimentos

Algumas diferenças entre os Projetos de trabalho e os Centros de interesse.

Nos Centros de interesse, se abordam, sobretudo, temas das áreas das Ciências Naturais e Sociais; as propostas concretas são apresentadas pelos alunos e a decisão sobre o que se vai estudar é tomada por votação na sala de aula. Nessa votação, o papel do professorado é fundamental, pois costuma procurar que o tema escolhido faça parte da programação, tenha um reflexo nos livros-texto e não saia da pauta que estabelece que, em cada nível da escolaridade, devam ser estudados determinados temas. No fundo, não há lugar para o novo: o professor ou a professora ensinam aquilo que sabem e que o aluno deva aprender. O Centro de interesse deve figurar no programa do curso ou os conteúdos são transformados para se aproximarem dele. Uma vez escolhido, o professorado costuma apresentar o material para seu estudo e decidir a sequência e as relações entre as diferentes fontes de informação que o aluno possa estabelecer.

Essa descrição pode parecer simplificação interessada, mas, no entanto, corresponde a observações efetuadas em classe, ao diálogo com educadores sobre sua experiência com os Centros de interesse e à análise de materiais globalizados. Não se pode perder de vista, além disso, que o início do processo de inovação nesta escola começa com a insatisfação que produzia no grupo de professores o trabalho por Centros de interesse, dado o caráter rotineiro que havia adquirido.

ASPECTOS A SEREM LEVADOS EM CONTA NO DESENVOLVIMENTO DE UM PROJETO

A perspectiva de globalização que se adota na escola, e que se reflete nos Projetos de trabalho, trata de ensinar o aluno a aprender, a encontrar o nexo, a estrutura, o problema que vincula a informação e que permite aprender. Finalidade esta que se pode fazer coincidir com os objetivos finais de cada nível educativo. Por isso, na escola, foram formuladas referências cogniscitivas como articuladoras e orientadoras dos conhecimentos que a organização dos Projetos deve ajudar a veicular nos alunos. Essas referências que a seguir apresentamos não são as únicas possíveis; são colocadas aqui apenas a título de exemplo.

Educação infantil – 4 anos: aprender a construir definições de objetos e fatos, a partir de seus atributos e funções.

Educação infantil – 5 anos: definir a funcionalidade de objetos e fatos.

1º ano do ensino fundamental: explicar os processos de transformação que agem nos objetos, fatos e problemas.

2º e 3º anos do ensino fundamental: estabelecer relações causais ou funcionais sobre os fatos ou as informações estudadas.

4º, 5º, 6º e 7º anos do ensino fundamental: abordar a informação apresentada em sala de aula de maneira que os alunos cheguem a ordená-la, valorizá-la e inferir dela novos sentidos, significados ou referências.

8º e 9ª anos do ensino fundamental: realizar gradualmente um processo de mudança que conduza os alunos da descrição da informação à sua explicação relacional.

A partir dessas e outras referências que aparecem em cada projeto, o docente planeja o esquema de sua intervenção e tenta organizar o desenvolvimento do Projeto de trabalho. Os aspectos mais relevantes dessa organização serão apresentados a seguir.

A escolha do tema

O ponto de partida para a definição de um Projeto de trabalho é a escolha do tema. Em cada nível e etapa da escolaridade, essa escolha adota características diferentes. Os alunos partem de suas experiências anteriores, da informação que têm sobre os Projetos já realizados ou em processo de elaboração por outras classes. Essa informação se torna pública num painel situado na entrada da escola (com isso, as famílias também estão cientes). Dessa forma, o tema pode pertencer ao currículo oficial, proceder de uma experiência comum (como os acampamentos), originar-se de um fato da atualidade, surgir de um problema proposto pela professora ou emergir de uma questão que ficou pendente em outro Projeto.

O professorado e os alunos devem perguntar-se sobre a necessidade, a relevância, o interesse ou a oportunidade de trabalhar um ou outro determinado tema. Todos eles analisam, de diferentes perspectivas, o processo de aprendizagem que será necessário levar adiante para construir conjuntamente o Projeto. Como explicava uma professora de 6º e 7º anos do ensino fundamental: "É a turma em seu conjunto quem define o Projeto; não só escolhe um tema, mas também o escolhe em função dos outros Projetos que já foram trabalhados, em função de uma série de conceitos que temos claro que será trabalhado nesse período, em função da história do grupo, e, além disso, o tema não se define por si mesmo, e sim segundo um roteiro de trabalho".

Em qualquer caso, trata-se de defini-lo em relação às demandas que os alunos propõem. Nesse sentido, leva-se em conta uma organização curricular baseada nos interesses dos estudantes (HERNÁNDEZ; SANCHO, 1989). Com essa opção curricular, a diferença apoia-se no fato de que o educador sabe que os alunos, sobretudo os dos primeiros níveis educativos, vão querer estudar aquilo que já sabem ou partir de esquemas que já conheçam e dominem. Por isso, o docente propõe que as propostas sobre possíveis temas sejam argumentadas pela própria criança, com critérios de relevância e com as contribuições que julgue necessárias: convidar um conferencista, preparar um vídeo, realizar um dossiê de apresentação, apresentar informação inicial.

O critério de escolha de um tema pela turma não se baseia num "porque gostamos", e sim em sua relação com os trabalhos e temas precedentes, porque permite estabelecer novas formas de conexão com a informação e a elaboração de hipóteses de trabalho, que guiem a organização da ação. Na Etapa Inicial, uma função primordial do docente é mostrar ao grupo ou fazê-lo descobrir as possibilidades do Projeto proposto (o que se pode conhecer), para superar o sentido de querer conhecer o que já sabem.

Não existem temas que não possam ser abordados por meio de projetos. Frequentemente o sentido de novidade, de adentrar-se nas informações e problemas que normalmente não se encontram nos programas escolares, mas que o aluno conhece através dos meios de comunicação, conduz a uma busca em comum da informação, abrindo múltiplas possibilidades de aprendizagem, tanto para os alunos como para o professorado. Tudo isso não impede que os docentes também possam, e devam, propor aqueles temas que considerem necessários, sempre e quando mantenham uma atitude explicativa similar à que se exige dos alunos.

A atividade do docente após a escolha do Projeto

Uma vez escolhido o Projeto e estabelecida uma série de hipóteses em termos do que se quer saber, as perguntas que se deve responder, etc., o que aconteceu para que valha a pena sua escolha, o professorado pode realizar as seguintes atividades:

1. Especificar qual será o motor de conhecimento, o fio condutor, o esquema cogniscitivo que permitirá que o projeto vá além dos aspectos informativos ou instrumentais imediatos e possa ser aplicado em outros temas ou problemas. Esse fio condutor está em relação com o Projeto Curricular Institucional. Na Escola Pompeu Fabra, durante o período 1987-1988, realizou-se a concretização dos objetivos finais de cada nível (ver Anexo 2), em que se destacam alguns dos problemas fundamentais que devem ser desenvolvidos ao longo de cada etapa e servem como referência curricular daquilo que se vai ensinar por meio dos Projetos.
2. Realizar uma primeira previsão dos conteúdos (conceituais e procedimentais) e as atividades, e tratar de encontrar algumas fontes de informação que permitam iniciar e desenvolver o Projeto. Não obstante, a pergunta que o docente tenta responder é: o que pretendo que os diferentes componentes do grupo aprendam com o Projeto.
3. Estudar e atualizar as informações em torno do tema ou problema do qual se ocupa o Projeto, com o critério de que aquelas apresentem novidades, proponham perguntas, sugiram paradoxos, de forma que permita ao aluno ir criando novos conhecimentos. Esta seleção de informação deve ser contras-

tada com outras fontes que os estudantes já possuam ou possam apresentar, e também com as conexões que possam surgir de outras situações e espaços educativos, os quais tenham lugar dentro do horário e do planejamento da escola. Em nosso caso, os "Cantos", as oficinas interclasses, o trabalho individual.
4. Criar um clima de envolvimento e de interesse no grupo, e em cada pessoa, sobre o que se está trabalhando na sala de aula. Ou seja, reforçar a consciência de aprender do grupo.
5. Fazer uma previsão dos recursos que permitem transmitir ao grupo a atualidade e funcionalidade do Projeto.
6. Planejar o desenvolvimento do Projeto sobre a base de uma sequência de avaliação:
    a) Inicial: o que os alunos sabem sobre o tema, quais são suas hipóteses e referências de aprendizagem.
    b) Formativa: o que estão aprendendo, como estão acompanhando o sentido do Projeto.

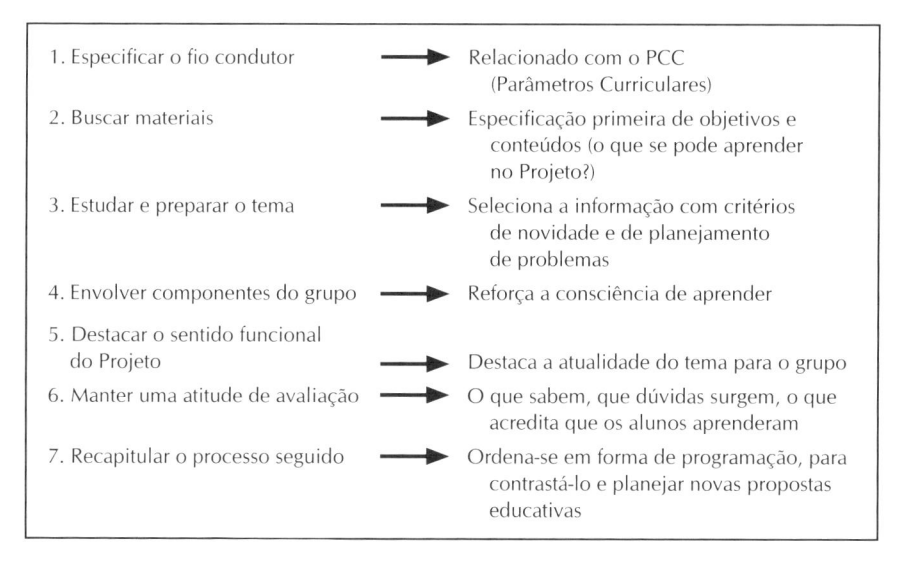

1. Especificar o fio condutor	→ Relacionado com o PCC (Parâmetros Curriculares)
2. Buscar materiais	→ Especificação primeira de objetivos e conteúdos (o que se pode aprender no Projeto?)
3. Estudar e preparar o tema	→ Seleciona a informação com critérios de novidade e de planejamento de problemas
4. Envolver componentes do grupo	→ Reforça a consciência de aprender
5. Destacar o sentido funcional do Projeto	→ Destaca a atualidade do tema para o grupo
6. Manter uma atitude de avaliação	→ O que sabem, que dúvidas surgem, o que acredita que os alunos aprenderam
7. Recapitular o processo seguido	→ Ordena-se em forma de programação, para contrastá-lo e planejar novas propostas educativas

A atividade do docente durante o desenvolvimento do Projeto.

   c) Final: o que aprenderam em relação às propostas iniciais? São capazes de estabelecer novas relações?

Essa sequência deve servir como pauta de reflexão e acompanhamento do Projeto e como preparação de outros futuros, tudo o que irá guiando seu processo de tomada de decisões.

7. Recapitular o processo que se realizou ao longo do Projeto, em forma de programação *a posteriori*, que possa ser utilizada como memória de cada docente, para intercâmbio com outros professores, compatibilizando com os objetivos finais do centro e com os do currículo oficial, e como ponto de partida para um novo Projeto.

No entanto, essa forma de intervenção que se sintetiza na figura anterior não é homogênea entre o professorado. Produzem-se variações e diferenças. Isso foi constatado na avaliação externa sobre a inovação a qual já nos referimos. Segundo essa fonte, se estabelecêssemos de maneira paralela e extrema as formas mais relevantes da atuação dos docentes, em diferentes situações de ensino e aprendizagem que foram observadas em sala de aula durante a realização dos Projetos, poderíamos encontrar uma série de diferenças. Estas são reflexo de como o professorado, apesar de incorporar critérios alternativos como organizadores de sua prática, tem dificuldades para adaptá-los a situações reais, outorgando aos Projetos interpretações distintas. As razões dessas diferenças, numa coletividade que, em boa parte, compartilhou a mesma informação e passou por um processo de formação similar, podem ser múltiplas. Em nosso caso concreto, poderiam ser destacadas as seguintes:

1. A consciência de ser especialista numa área ou matéria, que leva a seguir uma ordem única na apresentação do Projeto, sem levar em conta a diversidade de desenvolvimentos que pode adotar.
2. A necessidade de preparar o aluno para as exigências do ensino médio, que leva alguns professores a antecipar o tipo de docência que, supostamente, se encontrará mais tarde. No Anexo 3, são recolhidas uma série de opiniões de antigos alunos sobre esse particular, nas quais valorizam como positiva a experiência dos Projetos na medida em que lhes ensinou a trabalhar por si mesmos e lhes permitiu adaptar-se melhor às exigências do ensino médio.

3. A dificuldade que implica refletir criticamente sobre os fundamentos da própria prática quando se está satisfeito com o modo de como se está realizando.

Essas posições encontradas não devem ser contempladas de maneira radical, e sim são orientativas das diferentes posturas existentes; trata-se simplesmente de reconhecer que uma determinada concepção do ensino implica um tipo de atitude profissional, atitude que o paralelismo a seguir pode ajudar a esclarecer.

A	B
– O docente pede aos alunos que expressem critérios e informações que tenham recolhido sobre a base do tema, já que isso enriquece os Projetos comuns.	– Pede as informações para o Projeto, considerando a obrigação de fazer esses "deveres".
– O docente é paciente no momento de aportar seus conhecimentos e sabe esperar que os alunos encontrem as soluções lógicas.	– Tem pressa em resolver o que está fazendo e avança respostas para seguir adiante.
– Conecta os conteúdos que vão sendo trabalhados com aspectos de outras áreas, com situações da vida real.	– Ajusta-se a um roteiro disciplinar.
– O docente insiste, principalmente, em reestruturar, restabelecer ou modificar esquemas, índices, situações.	– Tende à acumulação de conteúdos.
– Os alunos aportam episódios de sua vida cotidiana ou de suas famílias durante a colocação em comum de informações recolhidas para o Projeto.	– Não há alusões a episódios vividos.
– O professorado faz referência ao momento do Projeto em que se encontram.	– Não há referências ao Projeto em seu conjunto.
– Procura-se que o maior número de alunos e alunas intervenham.	– Intervêm quase sempre os mesmos, sem que varie a situação por parte do docente.
– As sessões coletivas são muito vivas, em alguns momentos, desordenadas, devido à intensa participação.	– Os alunos intervêm quando o docente o indica.
– Baixa proporção de material apresentado pelo docente no dossiê.	– Alta proporção de material aportada pelo educador.
– A riqueza do Projeto depende mais da comunicação na sala de aula do que da quantidade de conteúdos.	– O projeto se baseia no recolhimento automático e escassamente comentado de informações em livros e enciclopédias.

As atitudes do docente durante o desenvolvimento do Projeto.

Portanto, podemos encontrar uma turma que utilize os Projetos para tentar favorecer uma construção dos conhecimentos de maneira significativa e favorecedora da autonomia na aprendizagem. Mas também podemos encontrar turmas onde os Projetos sejam simplesmente uma nova organização externa, um nome novo com o qual se denomina uma atitude profissional rotineira diante das relações de ensino e aprendizagem.

Partindo da perspectiva geral de toda escola, os Projetos geram um alto grau de autoconsciência e de significatividade nos alunos com respeito à sua própria aprendizagem, ainda que, num determinado período ou ano, possam estar desenvolvendo Projetos de uma forma menos intensa. Essa variedade, como dissemos, é um elemento de contraste e dinamiza a discussão psicopedagógica na escola, ainda que, em algumas ocasiões, também sirva de freio ou de forma de pressão de alguns docentes sobre outros.

A atividade dos alunos após a escolha do Projeto

De forma paralela a esse conjunto de ações e tomada de decisões do docente, a turma e cada pessoa vão realizando também outras atividades. A interação entre ambas articula o sentido da organização do Projeto e explica outra dimensão de sua orientação globalizadora. As tarefas que se destacam a seguir não são as únicas que os alunos realizam, nem são realizadas sempre da mesma maneira. Em caso contrário, o efeito inovador sobre a aprendizagem dos Projetos ficaria limitado, já que não levariam em conta que a forma de abordar cada tema deve apresentar variações, que proponham aos alunos problemas novos e lhes ensinem procedimentos diferentes.

1. Depois da escolha do tema, cada estudante realiza um índice no qual especifica os aspectos que vai trabalhar no Projeto (com os menores, se realiza coletivamente). Isso lhe permite antecipar qual possa ser o desenvolvimento do Projeto, lhe ajuda a planejar o tempo e as atividades e assumir o sentido de globalidade do Projeto. O índice tem, além disso, o valor de ser um instrumento de avaliação e de motivação iniciais, já que estabelece as previsões sobre os diferentes aspectos do Projeto e prevê o envolvimento dos membros do grupo. Des-

sa forma, constitui um procedimento de trabalho que permite, em sua generalização, aplicar-se a outros temas e informações.
2. A colocação em comum dos diferentes aspectos de cada índice configura o roteiro inicial da classe, o ponto de partida que irá organizar o planejamento e a aproximação à informação de cada estudante e dos diferentes grupos da classe.
3. De forma paralela, os alunos realizam uma tarefa de busca de informação que complementa e amplia a apresentada na proposta e argumentação inicial do Projeto. Esta busca deve ser diversificada e pode consistir-se em: nova informação escrita, conferências de convidados (companheiros de outros cursos, especialistas de fora da escola, familiares dos alunos), visitas a museus, exposições e instituições, apresentação de vídeos, programas de computador, etc.
4. Realizar o tratamento dessa informação é uma das funções básicas dos Projetos. Esse processo se realiza tanto individualmente como num diálogo conjunto com toda classe. Nessa fase, a ênfase é dada aos seguintes aspectos e princípios:
   a. A informação oferece visões da realidade. É necessário distinguir as diferentes formas de apresentá-las, assim como tornar compreensível a ideia de que os seres humanos interpretam a realidade utilizando diferentes linguagens e enfoques. A distinção entre hipóteses, teorias, opiniões, pontos de vista, que adota quem oferece uma dessas visões, é um dos aspectos que se deve levar em conta. A confrontação de opiniões contrapostas ou não coincidentes e as conclusões que disso pode extrair o aluno incidem também nesse aspecto.
   b. A informação pode ser diferente, segundo como se ordene e se apresente. Deve-se insistir na maneira de ordená-la em relação com a finalidade do Projeto, dos capítulos do índice e das variações que surgem em contato com a própria informação.
   c. A aprendizagem de procedimentos (classificação, representação, síntese, visualização) permite realizar definições, propor perguntas, estabelecer prioridades e hierarquias em relação aos conteúdos da informação.

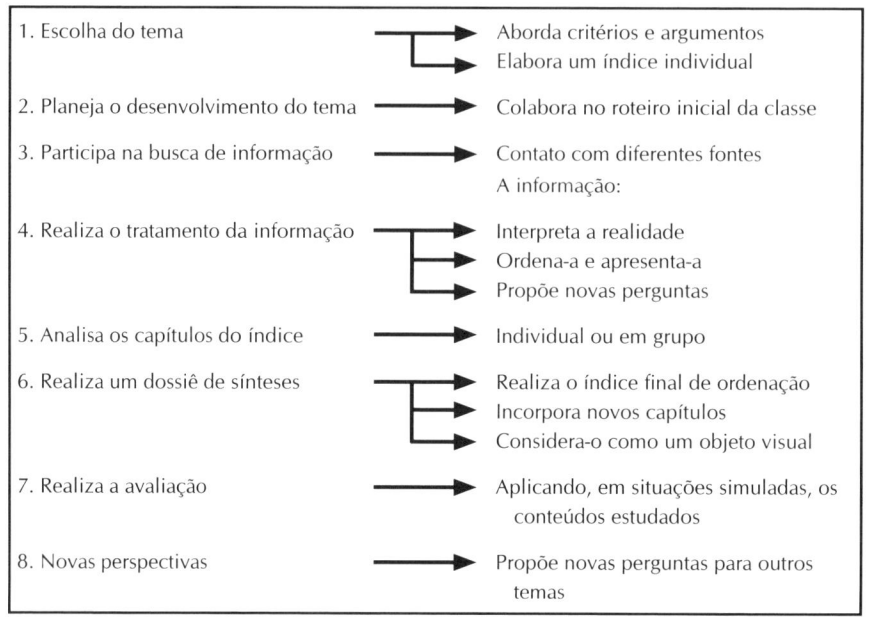

1. Escolha do tema	→	Aborda critérios e argumentos
	→	Elabora um índice individual
2. Planeja o desenvolvimento do tema	→	Colabora no roteiro inicial da classe
3. Participa na busca de informação	→	Contato com diferentes fontes
		A informação:
4. Realiza o tratamento da informação	→	Interpreta a realidade
	→	Ordena-a e apresenta-a
	→	Propõe novas perguntas
5. Analisa os capítulos do índice	→	Individual ou em grupo
6. Realiza um dossiê de sínteses	→	Realiza o índice final de ordenação
	→	Incorpora novos capítulos
	→	Considera-o como um objeto visual
7. Realiza a avaliação	→	Aplicando, em situações simuladas, os conteúdos estudados
8. Novas perspectivas	→	Propõe novas perguntas para outros temas

A atividade dos alunos durante a realização do Projeto.

    d. Estabelecer relações causais e novas perguntas que expliquem as diferentes questões derivadas do processo de tratamento da informação.
5. Desenvolve os capítulos assinalados no índice, mediante atividades de aula individuais ou em pequeno grupo.
6. Realiza um dossiê de síntese dos aspectos tratados e dos que ficam abertos para futuras aproximações por parte de toda turma e de cada estudante. Na apresentação dessa recompilação, se reelabora o índice inicial, ordenam-se as fontes de informação utilizadas e os trabalhos de análise e observação realizados, planeja-se a "imagem" que conterá essa síntese final e se reescreve o que se aprendeu.
7. A seguir, realiza a avaliação de todo o processo seguido no Projeto, a partir de dois momentos:
    a. Um de ordem interna: o que realiza cada criança e no qual se recapitula sobre o que foi feito e o que foi aprendido.

b. Outro, de ordem externa, mediante o qual, e a partir da apresentação do professor, deve ser aplicada em situações diferentes a informação trabalhada, para realizar outras relações e comparações, abrir novas possibilidades para o tema e destacar, de forma relacional, o que se tratou parcialmente. As simulações costumam ser a via efetiva para realizar esse processo final.
8. Finalmente, se abrem novas perspectivas de continuidade para o Projeto seguinte; procedendo do anterior, forma um anel contínuo de significações dentro do processo de aprendizagem.

A busca das fontes de informação

Na organização dos conhecimentos escolares através de Centros de interesse, costuma ser o docente quem se responsabiliza e decide a informação que os alunos irão trabalhar em aula. Nos Projetos, essa função não se exclui, mas se complementa com as iniciativas e colaborações dos alunos. Esse envolvimento dos estudantes na busca da informação tem uma série de efeitos que se relacionam com a intenção educativa dos Projetos. Em primeiro lugar, faz os estudantes assumirem como próprio o tema, e que aprendam a situar-se diante da informação a partir de suas próprias possibilidades e recursos. Mas também lhes leva a envolver outras pessoas na busca de informação, o que significa considerar que não se aprende só na escola, e que o aprender é um ato comunicativo, já que necessitam da informação que os outros trazem. Mas, sobretudo, descobrem que eles também têm uma responsabilidade na sua própria aprendizagem, que não podem esperar passivamente que o professor tenha todas as respostas e lhes ofereça todas as soluções, especialmente porque, como já foi dito, o educador é um facilitador e, com frequência, um estudante a mais.

Em algumas situações, nos foi colocado que nem todos os alunos têm facilidades para um acesso extraescolar a fontes de informação. Foi-nos sugerido que essa orientação é válida para os de classe média, a quem as famílias podem oferecer recursos e em cujas casas encontram informação e interesse para responder às demandas sobre um tema. Mas que não ocorre assim com outros estudantes de diferente contexto social e cultural. Se bem que essa crítica possa ser, em parte, acertada, deveria ser levado em conta o que se considera fonte de informação útil para a escola. Indubitavelmente, nem tudo passa pelos livros. Há temas em que têm mais valor as referências trazidas por um informante do que as de qualquer fonte escrita ou visual. Informantes válidos podem ser encontrados em todos os tipos de contextos. Mas, além disso, nestes contextos com menos recursos, o próprio centro pode impulsionar aqueles de que já dispõe em função da forma de trabalho que se desenvolve com os alunos. Na Escola Pompeu Fabra, uma das primeiras decisões que se tomou, quando se iniciou o trabalho por Projetos, foi transformar a biblioteca numa Sala de Recursos, da qual o aluno se valia cada vez que necessitava buscar informação em torno de um tema.

Mas, se a busca das fontes de informação favorece a autonomia dos alunos, é sobretudo o diálogo promovido pelo educador para tratar de estabelecer comparações, inferências e relações, o que o ajuda a dar sentido à forma de ensino e de aprendizagem que se pretende com os Projetos. Nesse diálogo é essencial livrar-se de um duplo preconceito: por um lado, pode aprender tudo por si mesmo, e, por outro, que é um ser receptivo frente à informação apresentada pelo professorado. A função destes como facilitadores se faz aqui evidente, de forma especial a partir de sua capacidade para transformar as referências informativas em materiais de aprendizagem com uma intenção crítica e reflexiva. Um vídeo, por exemplo, pode ter multiplicidade de "leituras" por parte dos alunos de uma classe, segundo sua idiossincrasia e da interpretação que se espera deles. Enfrentá-los com uma fonte de informação desse tipo sem uma finalidade e aprendizagem organizada é arriscar-se à dispersão e à desorientação. A não ser que esta seja precisamente sua pretensão, que surjam dúvidas para depois recolhê-las, interpretá-las e construir com a turma um novo sentido da informação debatida. Estas afirmações não pressupõem que assinalar e pautar a aprendizagem dos alunos signifique necessariamente trabalhar com esquemas fechados, repetitivos ou buscando respostas unidirecionais. O exemplo que apresentaremos a seguir serve para ilustrar alguns desses aspectos configuradores de um Projeto, aspectos que se apreciam de maneira mais extensa no Capítulo 7, no qual se mostram quatro maneiras diferentes de ordenar os Projetos e da tomada de decisões que o professorado realiza, segundo a finalidade educativa que com eles se propuseram a cobrir. Reflete-se também, nesse exemplo, como os alunos realizam uma tarefa de planejamento de sua aprendizagem e alguns dos recursos que têm a seu alcance para construir o Projeto.

O índice como uma estratégia de aprendizagem

Assinalamos anteriormente que, mediante os Projetos de trabalho, se pretende, sobretudo, dar ênfase à apresentação do aluno dos procedimentos que lhe permitam organizar a informação. Os procedimentos são utilizados na escola para que os estudantes incorporem novas estratégias de aprendizagem que, estando inseridas no processo de construção do Projeto e derivando-se dele, podem ser compreendidas pelos alunos e utilizadas em outras situações.

Para Nisbet e Schucksmith (1987), as estratégias são "estruturações de funções e recursos cognitivos, afetivos, ou psicomotores que o sujeito realiza nos processos de cumprimento de objetivos de aprendizagem". A forma em que operam as estratégias é mediante a colocação de "configurações de funções e recursos, geradores de esquemas de ação para um enfrentamento mais eficaz e econômico de situações globais e específicas de aprendizagem, para a incorporação seletiva de novos dados e sua organização. Mas, também, para a solução de ordem diversa de qualidade". É o domínio e conhecimento dessas estratégias o que permite aos estudantes organizarem e dirigirem seu próprio processo de aprendizagem. No entanto, tal como já se apontou, a tendência atual é não utilizar as estratégias à margem das matérias ou dos temas que se abordam na sala de aula, seja planejando-as ou aproveitando as situações de "imersão" nas quais se produzem sem estar pré-fixadas (PRAWAT, 1991).

Uma das estratégias que tem um papel relevante no centro e que se utiliza em todos os níveis de escolaridade é o índice. Para mostrar sua significação, vale a pena acompanhar uma experiência realizada na escola; nela, se poderá apreciar o valor que adquire esse procedimento na organização dos conteúdos de um Projeto e no sentido de globalização que leva consigo.

A experiência surgiu a partir da necessidade de algumas professoras de começar a pesquisar certos temas que requeriam um maior aprofundamento, com o fim de contrastar o processo realizado com visões teóricas que o explicassem e contribuíssem para a melhoria de seu profissionalismo. O tema que serviu como ponto de partida foi a tentativa de dar respostas às seguintes questões:

- Como saber se os alunos aprenderam o que se trabalhou nos Projetos?
- O que aprenderam do que se pretendeu ensinar?

Propunha-se, portanto, um objeto, um problema de estudo que requeria, antes de abordá-lo, tomar um conjunto de decisões que orientassem o sentido da pesquisa e com a qual se desse resposta ao problema enunciado. E aqui foi onde fez sua aparição o índice como estratégia de aprendizagem que permitisse conhecer se os alunos tinham aprendido o que se tinha pretendido ensinar.

PRIMEIRO ÍNDICE Situação inicial (individual)	SEGUNDO ÍNDICE (ponto de partida para o trabalho do grupo)	TERCEIRO ÍNDICE (recapitulação do trabalho realizado)

A. Índice:
  1. A Antártida é um continente?
  2. Seus habitantes
  3. Por que interessa ao governo ter uma parte da Antártida?
 	
B. Fontes de informação: livros, diapositivos, conferências.
 	
C. Técnicas de trabalho: realizar uma exposição com mapas, fotos e livros; organizar resumos.
 	
D. Duração prevista: um mês ou um mês e meio.
	A. Índice:
	  1. Situação geográfica
	  2. Forma do continente e acidentes geográficos
	  3. Extensão. Composição da terra
	  4. Fauna e flora
	  5. O clima
	  6. População e costumes
	  7. Países aos quais pertence. Para que o querem?
	  8. Problemas ecológicos: buraco na camada de ozônio; testes nucleares, caça, pesca
	  9. Organizações que tratam de defender a Antártida
	  10. Por que é tão desconhecida?
	  11. Pesquisas científicas
	
	B. Fontes de informação: livros e enciclopédias, videoteca, conferências, jornais, visitas a exposições ecologistas, fotos, diapositivos, *posters*, revistas, filmes
	
	C. Duração: um mês ou um mês e meio
	
	D. Projeto da apresentação: folha normal com um anagrama gravado; algum trabalho em movimento.
		0. Índice:
		  0.1. Índice individual
		  0.2. Índice coletivo
		
		1. Situação geográfica e acidentes
		  1.1. Informações gerais: vídeo e expedições
		  1.2. Situação
		  1.3. Acidentes geográficos
		  1.4. Extensão do continente
		  1.5. Países a que pertence
		
		2. Fauna e flora
		  2.1. Animais e plantas
		  2.2. Relações entre fauna-flora-clima
		
		3. Clima
		  3.1. Diferenças entre clima e tempo
		  3.2. Zonas climáticas
		  3.3. Climas da península ibérica
		  3.4. Quadros de temperaturas e chuvas
		  3.5. O clima nos Polos
		  3.6. Observação do tempo
		
		4. População e costumes
		
		5. Problemas ecológicos
		  5.1. Proteção total para a Antártida
		  5.2. Novas ameaças
		  5.3. Erns Peter Grave
		  5.4. Declaração da Antártida, do Greenpeace
		
		6. Pesquisas científicas
		
		7. Avaliação

Os três índices do Projeto sobre a Antártida.

Para isso, se delimitou uma situação concreta no desenvolvimento de um Projeto em que se pudesse localizar o problema que se pretendia tratar em forma de pesquisa. Nessa ocasião, a tarefa que os alunos tinham era realizar vários índices, com os quais poderiam organizar a informação e planejar um determinado Projeto de trabalho. Sobre o projeto que tinha como tema a Antártida (no Capítulo 7, pode ser encontrado um desenrolar desse trabalho), se realizaram três índices para organizar os diferentes momentos do tratamento da informação.

Passou-se longo tempo delimitando o sentido do Projeto na situação demarcada. Para isso, formularam-se uma série de questões que relacionavam o sentido do problema estabelecido inicialmente com a orientação que se tomava a partir das decisões sobre a pesquisa. Essas questões foram as seguintes: O que significa para os alunos a evolução nas aprendizagens refletida nos três índices formulados no Projeto da Antártida? O que compreenderam dessa evolução?

O que se pretendia com ela era detectar se os estudantes haviam captado "o valor de um índice" e se podiam responder a "por que haviam sido realizados três diferentes no Projeto da Antártida", assim como o "papel de cada um deles" dentro da sequência de aprendizagem e das intenções da professora.

Uma vez estabelecidas todas as delimitações anteriores, se começou a planejar a situação de intervenção. Com essa finalidade, um observador propôs a um grupo de alunos a seguinte situação:

Era apresentado aos alunos um exemplar dos três índices realizados na sala de aula para o Projeto da Antártida. Após, lhes eram colocadas as seguintes questões:

– O que podes dizer frente a eles?
– O que te chama especialmente a atenção?
– Por que acreditas que se realizaram essas mudanças?
– Para que te serviram? O que aprendeste com eles?
– O que acreditas que deles opinaria uma pessoa que não conhecesse a forma de trabalho da escola?

O material obtido dessas entrevistas colocou em relevo que os alunos sabiam valorizar o sentido dos três índices. Ante o primeiro, deram respostas do tipo: "Serviu para situar-nos frente ao tema. Para ver o que chamava mais a atenção de cada um de nós".

Ante o segundo índice: "Serviu para decidir entre todos o que íamos estudar, colocando as coisas importantes de uns e de outros". "Esse segundo índice é mais completo, diz mais coisas do que o primeiro. É melhor".

continua

continuação

> Ante o terceiro índice: "Este é o melhor. Nós o fizemos no final. Serve para organizar não só o que estudamos, mas também o que fizemos. Diz mais coisas".
> Reconhecimento, além disso, da sua utilidade: "Com o primeiro índice, te situas frente ao tema do Projeto"; "com o segundo, sabes o que vais estudar"; "com o terceiro, sabes que fizeste o que se encontra no dossiê final".

Desta forma, se progredia na utilização de procedimentos para trabalhar a informação, e, ao mesmo tempo, os alunos encontravam um novo elemento de motivação na realização do índice, considerando-o como ponto de partida para organizar sua aprendizagem e como procedimento aplicável a outras situações.

Essa experiência, que tinha como interesse principal saber se os alunos haviam aprendido o valor procedimental do índice, serviu à professora para levar em conta os seguintes aspectos em sua prática profissional:

1. Romper as barreiras que compartimentam os problemas que aparecem nas relações de ensino e aprendizagem e ir encontrando nexos.
2. Poder aprender da intervenção sobre sua própria ação, o que implicava ir além dos problemas cotidianos da classe.

Em tudo isso, o índice havia servido de desculpa, e também de evidência, de que os procedimentos não têm porque ter um valor cumulativo, e sim que são pontos de partida para entrar em situações mais complexas no caso de que os alunos os tenham incorporado a seu repertório de experiências de aprendizagem.

Realizar um dossiê de síntese dos aspectos tratados no Projeto

O projeto permite aos estudantes, a partir do índice final, organizar uma ordenação das atividades que se realizaram durante seu desenvolvimento. (Não se pode dizer que haja um tempo fixo para levar adiante um Projeto. Depende do tema, da série, da experiência, do professor; oscila, geralmente, entre um mês ou todo um trimestre.) Por isso, a recapitulação final tem razão de ser não só como agrupamento do estudado, mas sim como percurso ordenado (segundo o índice e as atividades realizadas por cada estudante) em função dos diferentes aspectos da informação trabalhados e dos procedimentos que se tenham utilizado para isso. Por essa razão, a ordenação e apresentação final de todos os materiais reunidos ao longo de um Projeto vai além da intenção de uni-los e cobri-los com uma fachada para ostentar ante as famílias. Em nosso caso, tem outra dimensão, pois constitui o primeiro componente da avaliação formativa do Projeto.

Na realização dessa recapitulação, merece um papel relevante o desenho do conjunto e da imagem que o Projeto transmite enquanto síntese e reflexo de seu conteúdo.*

Isso implica, entre outras considerações, a vontade de superar o "feísmo" e a monotonia com que costumam se apresentar os materiais na escola: fichas de trabalho que, por sua apresentação, homogeneízam os problemas e a informação, cartazes repletos de formas e valores estéticos que não utilizam os mais elementares recursos de persuasão, ou desenhos de objetos e materiais que buscam "ficar bonitos", mas que possuem muito pouco em comum com as "imagens" que os alunos podem ver na rua, na televisão ou nas revistas.

Alguns Projetos se apresentaram a partir de um sinal que os identificava e que servia de marca que unifica o percurso dos materiais que o aluno utilizou.

---

* No verão de 1987, como parte das atividades de formação da escola, se realizou, no próprio centro, um seminário sobre "projeto e diagramação", em torno dos materiais que eram utilizados na escola e que eram "criados" pelos educadores ou pelos alunos. Esse seminário foi ministrado por um estudante de projetos da Faculdade de Belas Artes de Barcelona e foi importante para destacar o valor cultural da apresentação visual dos Projetos.

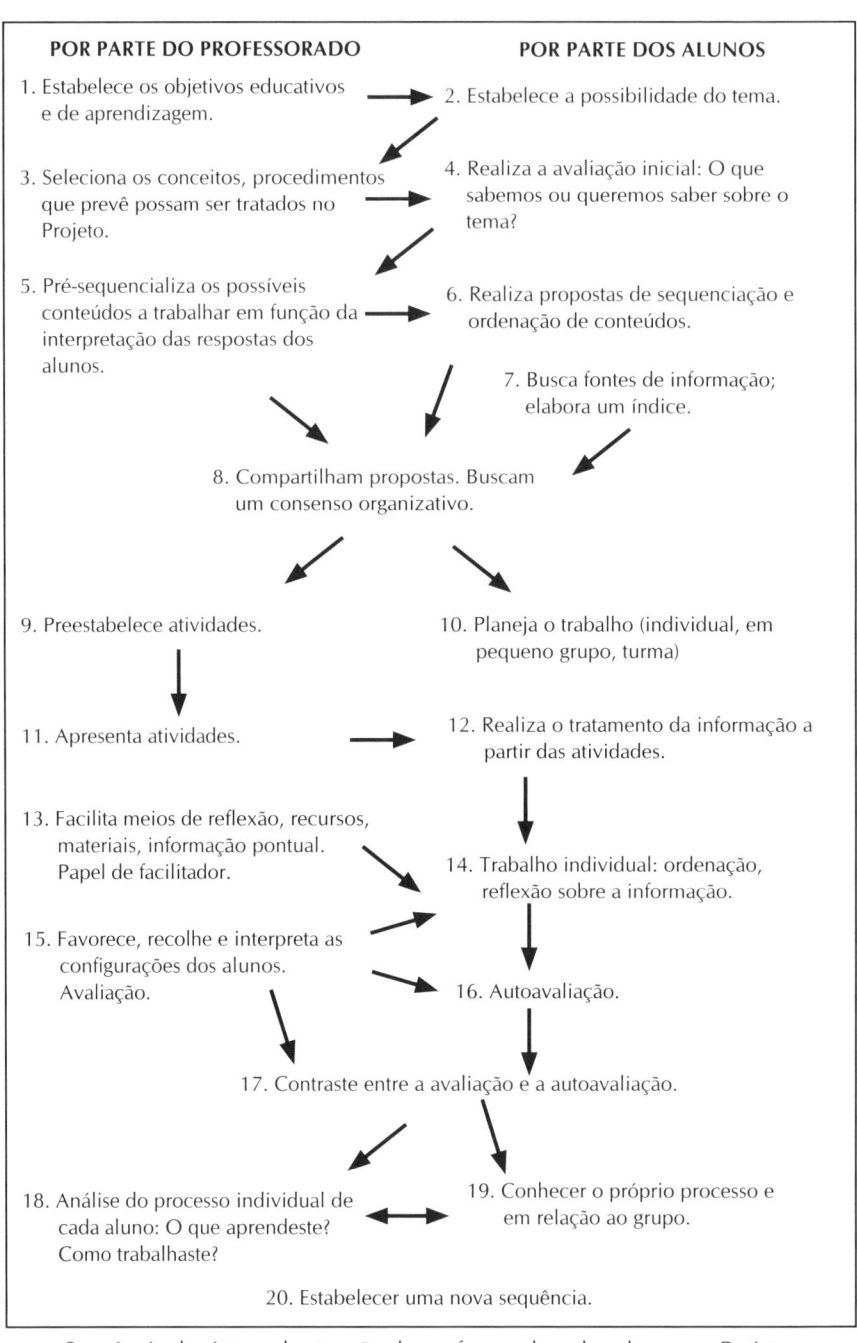

POR PARTE DO PROFESSORADO	POR PARTE DOS ALUNOS
1. Estabelece os objetivos educativos e de aprendizagem.	2. Estabelece a possibilidade do tema.
3. Seleciona os conceitos, procedimentos que prevê possam ser tratados no Projeto.	4. Realiza a avaliação inicial: O que sabemos ou queremos saber sobre o tema?
5. Pré-sequencializa os possíveis conteúdos a trabalhar em função da interpretação das respostas dos alunos.	6. Realiza propostas de sequenciação e ordenação de conteúdos.
	7. Busca fontes de informação; elabora um índice.
8. Compartilham propostas. Buscam um consenso organizativo.	
9. Preestabelece atividades.	10. Planeja o trabalho (individual, em pequeno grupo, turma)
11. Apresenta atividades.	12. Realiza o tratamento da informação a partir das atividades.
13. Facilita meios de reflexão, recursos, materiais, informação pontual. Papel de facilitador.	14. Trabalho individual: ordenação, reflexão sobre a informação.
15. Favorece, recolhe e interpreta as configurações dos alunos. Avaliação.	16. Autoavaliação.
17. Contraste entre a avaliação e a autoavaliação.	
18. Análise do processo individual de cada aluno: O que aprendeste? Como trabalhaste?	19. Conhecer o próprio processo e em relação ao grupo.
20. Estabelecer uma nova sequência.	

Sequência de síntese da atuação do professorado e dos alunos no Projeto.

Essa marca era decidida a partir de uma avaliação conjunta de sua qualidade visual como anagrama representativo. Os Projetos geram, além disso, um sistema de codificação visual que, através de um painel, colocado na entrada do prédio principal da escola, informa a todos os estudantes, aos educadores e às famílias do que se está estudando em cada classe. Um dos momentos mais significativos desse processo de síntese é a tomada de decisões sobre "o continente" que irá acolher a organização dos materiais de um Projeto. Nesse caso, diversificam-se os materiais, buscam-se efeitos visuais (mobilidade, sequenciação) que vão além da ilustração evocativa e se transforma em um elemento formativo essencial que emerge da concepção dos Projetos a partir de uma ótica de globalização relacional. Esse enfoque começa quando acaba o Projeto anterior, estrutura-se com a tomada de decisões sobre o novo tema e finaliza (recomeça) com o planejamento de um objeto, a título de dossiê, que reflete a interpretação que, para cada aluno, adquiriu a informação e os procedimentos trabalhados.

Todo o processo seguido no desenvolvimento de um Projeto se sintetiza na figura seguinte, elaborada a partir de materiais de formação realizado na escola para apresentar a experiência dos Projetos a outros educadores (CARBONELL; DE MOLINA, 1991).

Os Projetos: um modelo didático para trabalhar as "Ciências"?

Os Projetos de trabalho são uma inovação que pode ser aplicada em todas as áreas de conhecimento, mas basicamente foram colocados em prática nas áreas de Ciências Naturais e Ciências Sociais, já que estas favorecem em maior grau a busca e o tratamento da informação. A realização de Projetos em outras áreas continua sendo ocasional, ainda que se tenham planejado pequenos Projetos em Matemática ou em Língua. Para alguns docentes, a alternativa a essa limitação passa por conectar os conteúdos e as atividades dos Projetos com conteúdos e Projetos de outras situações educativas que os alunos realizem ao longo de sua tarefa escolar. Uma professora de 6º e 7º anos do ensino fundamental acredita que "o que acontece é que nada mais se pode chegar até aqui, mas penso que há muitas coisas, atividades na escola que estão planejadas como oficina e que, em seu momento, poderiam ser propostas como Projetos de trabalho. Falta ter, ainda, mais elementos de reflexão. Deverão ser as Ciências o núcleo principal do

Projeto? Já não digo as Sociais e as Naturais, e sim num sentido mais global de ciência". Essa é a perspectiva que, na atualidade, estão propondo alguns dos educadores da escola em Projetos como "A Astronomia", em que, além dos conteúdos próprios das Ciências Naturais, se introduz o ponto de vista histórico, ao comparar a evolução das visões elaboradas pela Humanidade sobre a terra e sua posição no espaço, como também se introduz a noção interdisciplinar da relatividade. Mas isso faz parte do conteúdo de outra história...

6

A avaliação do processo de aprendizagem dos alunos

A AVALIAÇÃO NA TRADIÇÃO DA ESCOLA

Uma das perguntas que costumam fazer as pessoas interessadas na organização do currículo mediante Projetos é como se realiza a avaliação. A pergunta não é anedótica ou curiosa, e sim aponta para a dificuldade de enfrentar-se outras questões do tipo: como saber se o aluno está realizando uma aprendizagem significativa? Como saber se está aprendendo a aprender ou o que se pretende ensinar? Essa mesma pergunta se fizeram os professores da escola, e, para respondê-la, além de ensaiar formas de avaliação baseadas no desenvolvimento de estratégias de simulação ou favorecedoras da inferência do aprendido a outras situações, realizou-se uma pesquisa sobre o significado que a avaliação tem para os alunos e para o professorado. Essas duas experiências serviram para encontrar a finalidade da avaliação, assim como o papel que as avaliações dos alunos desempenhava na tradição da "escola ativa" que o centro seguia, antes do início do trabalho por meio de Projetos. Todos esses temas são conteúdo deste capítulo, que podem completar-se com os exemplos de avaliação que aparecem em cada um dos Projetos do Capítulo 7.

Tempos atrás, dentro do que poderíamos chamar corrente antiautoritária na educação escolar, a avaliação havia sido considerada como uma intromissão na autonomia dos alunos. Frases como "o ritmo da criança deve ser respeitado", "as notas criam estudantes competitivos", "as qualificações não ajudam que os alunos se responsabilizem e interpretem sua aprendizagem", "o importante é a autoavaliação dos alunos, o resto é um exercício de poder e controle por parte do professorado", são reflexo de uma atitude mantida por muitos educadores que pensavam que avaliar só podia ter como finalidade classificar os alunos. Por essa razão, e com a desculpa de não "criar traumas", era melhor "informar" do que avaliar, e movimentar-se num formalismo de generalizações sobre os alunos em lugar de pôr o rigorismo das notas classificadoras.

Muitos desses professores foram mudando sua visão sobre a avaliação e o sentido geral da prática educativa nos últimos anos. Alguns começaram a introduzir em seus centros exames e controles, para, dizem, "adaptar os alunos a uma realidade competitiva, onde, para obter um trabalho, irão se deparar com múltiplas provas, para o que a escola lhes deve preparar".

Essa realidade cambiante não pode ocultar que a avaliação é um dos principais problemas com os quais se enfrenta o professorado. Nessa linha, algumas das tendências atuais estabeleceram a necessidade de superar o modelo de avaliação por objetivos e centrado nos resultados observáveis da aprendizagem (PÉREZ GÓMEZ, 1983b). Constata-se, além disso, uma corrente ampla que trata de desenvolver propostas de avaliação sobre programas curriculares (SKILBECK, 1984; SANCHO, 1988), ou considerar a avaliação como um processo em que se trata de acompanhar e explicar, e não medir, "os processos de ensino e aprendizagem que se desenvolvem no marco da sala de aula" (PÉREZ GÓMEZ, 1987). Algumas dessas colocações concretizaram-se na proposta do Planejamento Curricular, elaborada por Coll (1986a), que estabelece um enfoque amplo da avaliação a partir de uma sequência de intervenção do professorado formulada em três momentos: inicial, formativa e somatória. Tudo isso em relação ao processo de aprendizagem dos alunos e vinculado a um modelo ou sentido de ensino e aprendizagem concebido como significativo.

Na Escola Pompeu Fabra, a prática da avaliação se mantinha, com mais ou menos variantes, dentro das considerações descritas no início deste capítulo. Mas a reflexão sobre o campo do currículo e a revisão sobre o trabalho no centro levou, no período 1985-1986, a estabelecer a necessidade de revisar os critérios que se utilizavam para realizar os boletins, que eram enviados às famílias. A primeira avaliação foi que estes implicavam uma tarefa fatigante, reiterativa sobre muitos dos aspectos que já se haviam apontado nas entrevistas com as famílias e que davam uma informação muito pouco diferenciada de cada estudante, em relação com os companheiros e companheiras de turma. Foi por isso que se estabeleceu como primeira medida fazer um programa informático, a partir de uma observação a fundo dos boletins que até então se estavam utilizando, com o fim de encontrar os critérios ou categorias amplas que pudessem ser utilizados pelo professorado. Para completar essa tarefa, criou-se uma lista de frases que, dentro de cada critério avaliativo, fosse possível ajustar ao perfil de cada estudante.

Até aqui, o processo é comum ao que realizam outros centros que também possuem programas informáticos para realizar a avaliação. No entanto, na escola, essa elaboração facilitou a realização de uma série de debates e discussões sobre o sentido da avaliação que refletiam os informes até então realizados, assim como sobre os critérios em que se fundamentavam suas decisões avaliativas.

Esse trabalho em equipe introduziu um estudo sobre as concepções do professorado na fase de avaliação. Ao longo do processo seguido pelo professorado durante os anos em que se introduziu a inovação dos projetos e a reflexão sobre o currículo, foi frequente vincular a formação e a revisão com pesquisas educativas que traziam representações novas do problema estudado e um conhecimento mais amplo sobre ele.

Nessa pesquisa, colocou-se em destaque que as categorias utilizadas pelos professores para avaliar os alunos eram as seguintes: a) a aprendizagem de conceitos; b) a utilização de procedimentos; c) o progresso nas aprendizagens instrumentais; d) a atitude frente ao trabalho; e) os aspectos formais de apresentação dos trabalhos; f) uma apreciação geral de cada aluno em relação a sua autoavaliação; e g) sua atitude geral com o grupo e com o professorado.

Ao contrastar essas categorias, junto com os indicadores que, em detalhe, ilustravam cada uma delas, foi formulada uma série de conclusões que mostravam as concepções que o professorado refletia ao avaliar os alunos. Assim, os professores consideraram que:

1. O núcleo central da avaliação devia girar em torno da aprendizagem de conceitos.
2. A aprendizagem dos conceitos se produz numa sequência estável.

3. Apesar de enfatizar que se avalia o processo de aprendizagem dos alunos, os professores utilizam uma estratégia de programação formulada em termos de resultados observáveis.
4. As concepções que se refletem na avaliação nem sempre são as que se colocam na prática de sala de aula.
5. A avaliação é realizada em relação com as características de um aluno ideal, que cada docente tenha em mente.
6. Cada educador utiliza, de forma similar, os conteúdos da relação ensino e aprendizagem (conceitos, procedimentos, atitudes).

A partir do debate sobre os resultados desse estudo, realizou-se um esforço para adequar a avaliação à inovação que estava tendo lugar na escola.

Isso significou incorporar na prática escolar uma fase *evolutiva inicial* do tipo diagnóstico-interpretativo, na qual se situam os subentendidos (o estado inicial) dos alunos perante o tema, problema ou informação que se pretende abordar. A partir desse diagnóstico inicial do que os alunos "sabem", se ia elaborando a sequência de aprendizagem que o professorado pretendia seguir num Projeto de trabalho ou em qualquer outra atividade escolar.

Com tudo isso, a avaliação adquire o valor de uma atividade *formativa* para o professorado e para os alunos, a partir da qual é possível introduzir-se num novo problema ou uma nova situação de aprendizagem. Com a avaliação, o professorado se propõe a dar respostas à conexão entre o sentido da aprendizagem dos alunos e as intenções e propostas de ensino apresentadas por aquele na sala de aula. Mas é melhor ver tudo isso refletido na proposta dos Projetos de trabalho e numa experiência realizada com uma professora da escola.

No período 1988-1989, o papel da avaliação na escola foi objeto de atenção por parte de dois grupos de professoras dos anos iniciais (1º ao 5º) e 6º e 7º anos. No primeiro, se tratou sobre as formas de abordar a avaliação dos procedimentos ou estruturas cognitivas que se trabalham em classe. Com os outros anos, se realizou uma revisão das sessões de tutoria, nas quais se dedicava um tempo para avaliar os problemas de aprendizagem dos alunos. A finalidade dessas tutorias era que os alunos aprendessem a organizar-se frente ao trabalho na aula e tornar-se consciente de suas estratégias de aprendizagem dentro de um enfoque geral da educação que, tal como sucede com os Projetos, pretende favorecer o desenvolvimento da metacognição nos alunos.

A AVALIAÇÃO COM RESPEITO À INOVAÇÃO DOS PROJETOS DE TRABALHO

Como já foi assinalado, a ideia fundamental dos Projetos como forma de organizar os conhecimentos escolares é que os alunos se iniciem na aprendizagem de procedimentos que lhes permitam organizar a informação, descobrindo as relações que podem ser estabelecidas a partir de um tema ou de um problema. A função principal do Projeto é possibilitar aos alunos o desenvolvimento de estratégias globalizadoras de organização dos conhecimentos escolares, mediante o tratamento da informação.

Com isso se pretendia, sobretudo, recuperar o sentido do processo seguido ao longo de toda sequência de ensino e aprendizagem e as inter-relações criadas nela a partir de algumas situações, nas quais se apresenta ao aluno a necessidade de simular decisões, estabelecer relações ou inferir novos problemas.

A partir dessa premissa, no contexto de uma pesquisa sobre a relação entre a aprendizagem e a avaliação, se pretendeu detectar:[*]

1. As propostas de avaliação que podem coincidir com os pressupostos pedagógicos estabelecidos nos Projetos de trabalho.
2. Saber se, nesse marco de inovação, os alunos aprendem o que se lhes pretende ensinar: um novo sentido do aprender.
3. Valorizar o sentido psicopedagógico que, dentro da sequência de ensino e aprendizagem, adquirem os erros dos alunos detectados na avaliação.
4. Identificar os critérios que a professora prioriza para relacionar a prova de avaliação proposta com a correção realizada.
5. Detectar o valor significativo que, para os alunos, tem a avaliação, enquanto experiência nova (naquele momento) em seus processos de aprendizagem e seu contraste com as crenças e tomada de decisões da professora.

---
[*] Em Hernández, Carbonell e Mases (1990), pode ser encontrada uma ampliação deste estudo.

> A. Antes da avaliação:
>   a1. O que se pretendeu ensinar aos alunos?
>   a2. O que os alunos acreditam que estudaram?
>
> B. Ante a elaboração utilizada para a avaliação:
>   b3. Planejamento da prova em relação aos antecedentes extraídos do momento A.
>   b4. Explicitar o que se pretende valorizar.
>   b5. Realizar a previsão das respostas.
>   b6. Realizar a avaliação.
>
> C. Ante a correção e a devolução formativa:
>   c7. Explicitar aos alunos os critérios de correção.
>   c8. Propor-lhes sua autoavaliação em função desses critérios.
>   c9. Fazer a correção detectando o sentido dos erros
>   e da aprendizagem realizada.
>   c10. Realizar a devolução ao grupo.
>   c11. Situar cada estudante com relação a si mesmo e ao grupo.

Tudo isso, levando em conta que a temática da avaliação se estabelece como uma fórmula nas mãos do professorado para saber se os alunos aprenderam o que se tentou ensinar. Para averiguá-lo, tomava-se como ponto de partida uma observação formulada no estudo em torno do procedimento do índice que apresentamos no capítulo anterior. Nesta observação, se recolhia a finalidade da avaliação para um estudante. Para ele, esta servia para reconhecer o que realmente sabia, comprovar as falhas que tinha e ser observado pela professora.

Interpretar significativamente o processo de reflexão e de tomada de decisões da professora ali descrito teve como consequência uma melhoria de sua prática profissional, em termos de elaboração de uma sequência de avaliação, que se conectasse diretamente com a intenção globalizadora pretendida com os Projetos de trabalho. De forma sucinta, essa sequência se articula em três fases, cada uma das quais implica uma série de questões que sintetizam a reflexão que se deriva desse estudo.

Essa sequência tem um valor por si mesma ao permitir que a professora explicite os critérios que utiliza em cada momento da avaliação e, como consequência, aprender dele. Mas, além disso, no intercâmbio entre a professora e as outras duas pessoas que participavam no estudo, surgiram outros temas relativos à sua atuação profissional em relação à avaliação que a seguir passamos a resumir.

A professora, apesar de ter muito presente, como acontece nesses casos, a fundamentação teórica de sua prática, não refletia sobre ela em relação à teoria. As colocações dos especialistas sobre a avaliação servem como fatores de contraste *a posteriori*, não como referências que se aplicam na ação.

Numa concepção sobre a relação de ensino e aprendizagem como a que sustenta o trabalho por Projetos, as três fases da prática docente – planejamento, ação e avaliação – não podem se entender senão como um sistema de inter-relações e complementariedades.

O problema principal que aparece na avaliação, para a professora, é como tornar coerente sua prática com uma concepção significativa da aprendizagem. O que implica que é necessário detectar os problemas ou estruturas de conhecimentos que estejam por trás de cada projeto, tarefa que nem sempre é fácil de estabelecer *a priori*.

A avaliação com um sentido significativo não é só a avaliação dos alunos. É, sobretudo, a contrastação das intenções da professora com sua prática. O resultado é sempre o início do planejamento de intervenção posterior. Na organização da classe mediante Projetos de trabalho, essa interconexão se torna evidente.

Esses mesmos critérios foram compartilhados e debatidos nas sessões de assembleia com o assessor. Isso fez com que fossem levados em conta pelo resto do professorado, não só para a avaliação dos Projetos de trabalho, mas também das diferentes situações de ensino e aprendizagem que se estabelecem nela ("Cantos", oficinas, linguagens, etc.).

Exemplos de avaliação se encontram nas páginas 137-139. Com eles, se trata de recolher não tanto o que os alunos memorizaram, quanto os conteúdos que são capazes de transferir às situações novas que lhes são apresentadas para sua avaliação. O importante é que, com esse trajeto, se fecha um círculo que se esboçou na página 80. Nesse percurso, a avaliação também fica conectada com o sentido da globalização refletido nos Projetos e com a fundamentação psicopedagógica do currículo da escola.

7

Os projetos e o processo de tomada de decisões: quatro exemplos de projetos, quatro exemplos de problemas

Não se trata, neste capítulo, de apresentar alguns Projetos em que se destaquem aspectos das respectivas sequências de ensino-aprendizagem, nem de dar uma pauta para que outro professor possa segui-los em sua sala de aula. Uma vez mais, o que pretendemos é compartilhar um processo repleto de singularidades e oferecer a reflexão que dele extraímos. Vale contar um episódio para ilustrar essa intenção. Há um tempo, uma editora propôs à escola a possibilidade de publicar uma coleção de livros em que se ofereceriam exemplos de Projetos, a título de materiais de trabalho que pudessem servir a outros professores que pretendessem trabalhar temas similares em suas classes. Então, o comentário quase unânime do professorado foi que "não se podia apresentar o resultado de um Projeto, o que aparece no dossiê final dos alunos, pois era apenas uma parte do que tinha acontecido em sala de aula, e, portanto, constituía uma imagem parcial da intenção global de aprendizagem do Projeto. O importante é o processo de tomada de decisões, o que foi acontecendo na classe, como refletiu e atuou cada um, e como os alunos foram trabalhando".

Esse critério guiou o recolhimento e a sistematização de cada um dos quatro Projetos que, a título de exemplo, apresentamos a seguir. As professoras do Nível B da educação infantil, e de 3º, 6º e 7º anos do ensino fundamental mostram, através deles, seus peculiares estilos de "fazer de educador", e, o que é mais importante, de acordo com a finalidade geral do texto, um problema específico que vincula todo o sentido, o desenvolvimento e o processo de tomada de decisões realizado em cada Projeto.

NÍVEL	PROBLEMAS QUE SÃO APRESENTADOS	TÍTULO DO PROJETO
Na educação infantil	Aprender a ser objetivos	Os felinos
3º ano do ensino fundamental	Processo de tomada de decisões	O deserto
6º ano do ensino fundamental	Formas de construir um Projeto	O deserto
7º ano do ensino fundamental	Como tratar a informação?	A Antártida

Exemplos de Projetos de trabalho e do problema que se persegue com cada um deles.

Saber encontrar esse problema é possivelmente uma das tarefas mais complexas e que requer maior flexibilidade no momento de trabalhar com Projetos, pois reclama não só ter claros os fundamentos da teoria que os sustenta (globalização, aprendizagem significativa, avaliação formativa, interpretação das interações na sala de aula, caráter aberto do planejamento), mas também possuir um certo hábito de refletir sobre a prática e muito especialmente saber que o Projeto é, em última instância, uma desculpa para que o aluno realize sua própria aprendizagem.

Não teria muito sentido oferecer apenas uma visão sobre os Projetos em que se recolhesse sua fundamentação e alguns exemplos, mas onde não se mostrasse como os diferentes implicados — estudantes, professorado e famílias — definem e valorizam essa inovação.

Para poder fazê-lo, aproveitamos as opiniões recolhidas na avaliação externa realizada no período 1989-90; constituem o Anexo 3. A intenção de mostrá-las é, sobretudo, a de responder, a partir dessas manifestações, algumas das perguntas que o leitor ou leitora pode se ter feito durante seu percurso por este processo de construção do currículo por Projetos. Questões como: As famílias estão de acordo? O que acontece depois, quando vão para o ensino médio? Há unanimidade entre o professorado na hora de trabalhar? Como todos os implicados vivem essa inovação? Só se pode realizar com o apoio de um assessoramento externo? são respondidas, em boa parte, ao mesmo tempo em que abrem novas questões.

O PROJETO DE TRABALHO SOBRE "OS FELINOS" (NÍVEL B DA EDUCAÇÃO INFANTIL)

Esse Projeto foi realizado no segundo trimestre do período 1987-88 (de 22 de janeiro a 26 de fevereiro) na turma da educação infantil. Sua professora era Montserrat Borras.

Cada Projeto é formado por um conjunto de atividades que permitem abordar nova informação, mas, além disso, em cada tema, a professora se propõe um novo objetivo, um problema que deva ser resolvido ao longo do desenvolvimento do projeto. Neste caso, a constante que vinculou todo o trabalho de um pouco mais de um mês foi: *Aprender a ser objetivos na hora de propor e desenvolver o tema de um Projeto*. Ou seja, os alunos foram passando de justificar suas escolhas e opiniões sobre a base das valorizações subjetivas a ir aprendendo a dar explicações dos fatos e conceitos, mais argumentadas, baseadas sobretudo nas novas fontes de informação trabalhadas no Projeto.

Um novo Projeto está relacionado com os anteriores, não é um ponto de partida, e sim uma continuação na aprendizagem

O tema "Os Felinos" foi o terceiro Projeto que se realizou durante o período 1987-88. Os anteriormente trabalhados foram sobre "As Mariposas" (de onde se tomou o nome da turma) e "Os Barcos".

Antes de abordar o tema dos felinos, foram feitas outras propostas: o mar, as baleias, os golfinhos, as joaninhas, as panteras, os leopardos, os macacos, os esquilos.

Devemos esclarecer que a maioria das propostas dos alunos dessa idade é sobre animais. Uma possível explicação desse fato é que os animais têm uma importante presença em seu mundo cotidiano (desenhos animados, histórias, jogos, mascotes) e, além disso, possuem um importante caráter de identificação de suas vivências pessoais e sociais.

Início do Projeto: aprender a apresentar razões para escolher o tema

A partir da apresentação dessas propostas, iniciou-se uma atividade de seleção do tema. Devemos destacar que, com frequência, os interesses dos alunos de cinco anos não têm um motivo claro, não se produz uma argumentação significativa baseada em critérios argumentados de interesse pela aprendizagem, e sim se movem por critérios subjetivos ("porque gosto de sorvete", "porque são pretos"), afetivos ("porque meu amigo falou a mesma coisa", "porque tenho um cachorro de quem gosto muito"), de proximidade (do Projeto sobre as mariposas se passa com facilidade à proposta sobre as joaninhas), de relação (do Projeto sobre os barcos se passa com facilidade à proposta sobre o mar).

Por tudo isso, a motivação inicial que leva a escolher um Projeto não é difícil de encontrar nesses alunos, ao mesmo tempo em que são flexíveis e se incorporam a pontos de vista alheios. Isso faz com que possam evoluir em seu caminho de aprendizagem.

Diante dessa situação e nesse momento da sequência da relação com a turma, a professora se propôs o primeiro objetivo que imaginava conveniente abordar no novo Projeto: "Fazer os alunos progredirem para a objetividade", o que significava envolver-se numa situação de aprendizagem que implicasse saber dar argumentos para a escolha do tema além da subjetividade apontada.

Em relação a esse objetivo, a professora se propôs a desenvolver os seguintes critérios de "objetividade":

1. Colocar em relação, o que significava destacar o que se havia trabalhado e o que se queria ampliar.
2. Estabelecer exclusões, o que implicava assinalar o que já se havia trabalhado anteriormente e que, portanto, podia ser eliminado no novo Projeto.
3. Estabelecer classificações, em relação com os interesses expressados pelo grupo, para poder determinar as tendências da classe.

Dessa forma, a primeira decisão do grupo consistiu em utilizar o critério de exclusão para realizar a escolha do novo Projeto. Isso significava que os temas "o mar" e "as joaninhas" ficassem eliminados.

A segunda decisão consistiu em realizar uma classificação do tipo de tendências que levavam o grupo a propor trabalhos sobre animais. A partir disso, se montou uma lista e se efetuou uma votação. Deve ser destacado que esta se realizou quando já se haviam estabelecido os critérios de objetivação, e, portanto, não era uma "votação democrática" em que se incluíssem todas as propostas iniciais. O resultado se recolhe no quadro da página 96.

Decidir como se pode abordar o estudo do tema escolhido

Depois de realizar a votação em que se decidiu trabalhar o tema "as panteras", foram elaboradas, mediante o diálogo pedagógico com a turma, duas sequências de trabalho que, por sua vez, destacavam ou apontavam os interesses dos alunos.

1. O que se pode trabalhar com o tema das panteras? (ainda não se propõe "o que quero aprender"). Os aspectos que surgiram na conversação com a turma foram:
   – Saber quais são da mesma família.
   – Quais não são da família.
   – Que animais vivem no mesmo espaço.
   – Que forma têm.
   – Inventar histórias.
   – Fazer máscaras de panteras.

Com essa relação, fruto da síntese do "falado" em aula, a professora tinha uma orientação sobre por quais caminhos enfocar os primeiros passos do desenvolvimento do Projeto. Como já haviam realizado outros dois, uma vez escolhido o novo, se incorporaram as estruturas trabalhadas nos Projetos anteriores, especialmente a utilização do "índice" para determinar os canais que se seguiram para tratar a informação que se apresentaria em aula.

Os alunos dessa faixa etária não têm claro o que encerra a palavra "índice", nem, obviamente, de sua complexidade como procedimento organizativo. O que para eles se torna evidente é que se constitui de uma lista organizada de aspectos que querem trabalhar em aula.

2. A partir daqui se inicia a segunda sequência de trabalho. Não só se trata de organizar o que já sabem, pois deve ser levado em conta que, em geral, os alunos da educação infantil dizem querer saber aquilo que já conhecem, ou seja, parte-se de sua estrutura ou referência de conhecimentos procedente, mas também se trata de que reconheçam, tal como tinha acontecido com os Projetos anteriores, que se aprendem "coisas novas".

Isso significou realizar uma primeira classificação de animais, com a qual se tentava assinalar os que pertenciam a mesma família. O que implicou introduzir uma mudança de título no Projeto: de "as panteras", para "os felinos".

Essa mudança permitiu traçar um caminho com uma certa "objetividade" e também realizar uma "conceitualização" classificatória muito mais elaborada do que a que se derivava da primeira lista. Essa consideração tem sua importância se temos presente que o trabalho que se realiza na educação infantil, sobretudo o que faz referência à progressão nas aprendizagens, é, sobretudo, coletivo. Por isso é pouco representativo o seguimento da atividade individual, que se centra sobretudo na concretização do trabalho.

Como ainda não está clara a diferença entre "o que sabem" e "o que querem saber", realizou-se uma primeira lista sobre "o que se quer aprender", o que implicava um exercício de reflexão e de concretização. E assim apareceram os seguintes enunciados e questões, dos quais vale a pena destacar que a maioria começa como pronome interrogativo "como":

> Como é o corpo.
> O que comem.
> Como são os dentes.
> Como é o corpo por dentro.
> Como é a cabeça.
> Como são as unhas.
> Os leopardos correm muito.
> Como veem.
> Como mamam.
> Que animais são da mesma família.
> Como nascem.
> Os leões têm juba.
> De que cor são.
> Como é a cauda deles.
> Como respiram.
> O que fazem quando há perigo.
> Como gritam.

A partir daí, foram excluídas as questões que não eram propostas e a professora interrogou o grupo sobre o que queriam fazer a partir de então. As respostas dadas pela turma foram: trazer informações, ir ao zoológico, e que a professora preparasse trabalhos.

Isso deu origem à analise do que, para eles, queria dizer "Preparar trabalhos para nós". E se procedeu a realização de uma classificação organizativa das questões, que se agruparam primeiro por cores e, mais tarde, se realizou a seguinte estruturação:

> Como é o corpo?
> – O que comem.
> – Como são seus dentes.
> – Como têm o corpo por dentro.
> – Como é a cabeça.
> – Como são as patas, as unhas, as garras.
>
> Os leopardos correm muito:
> – Como olham.
> – Como mamam.
>
> Como nascem?
> – Os leões têm juba.
> – De que cor são.
> – Como é a cauda.
>
> Como respiram?
>
> O que fazem quando há perigo?
>
> Como gritam?

Desenvolvimento do tema: distinguir o importante do episódico

A partir da realização do índice, inicia-se o estudo do tema escolhido. Para isso, e como primeiro passo, os alunos começam a trazer informações de suas casas (com o que se consegue um certo envolvimento das famílias no trabalho escolar). Tomando como ponto de partida a informação recolhida, se estabelece uma distinção que se encontra conectada com o objetivo primeiro do Projeto: aprender a distinguir o que é "importante" e o que se pode considerar como "um pouco episódico".

Além dessa distinção, e a partir da mesma informação, realizam-se duas tarefas:

1. Elaborar uma lista de características ou atributos que permita ordenar a resposta da pergunta "como são os animais".
2. Fazer se darem conta da transformação do título do Projeto: já não se pretende trabalhar só o tema "as panteras", e sim que o que se está estudando é mais geral, é um conjunto de animais que se chamam "os felinos" (ver ilustração).

Isso obriga a estabelecer duas novas questões: que animais podem ser felinos, em função de que tipo de características? O que faz os animais serem da mesma família, que estejam em relação?

ELS ANIMALS DE LA FAMILIA DE LES PANTERES ES DIUEN
(Os animais da família das panteras se chamam)

FALANS-
(Felinos)

PANTERAS
(Panteras)

Redefinição dos objetivos da professora

Em todo esse processo de reflexão com a turma, a professora foi tomando uma série de decisões que conectam de forma específica com alguns dos objetivos finais do ano estabelecidos pela escola (HERNÁNDEZ, 1988a), a saber:

1. Introduzir-se no sentido funcional da *classificação* de objetos e atributos.
2. Iniciar-se na realização de *classificações e ordenações* com critério categorial de inclusão ou de relações externas e não meramente atributivas.

E, sobretudo, se trata de abordar o objetivo que define a estrutura básica de conhecimento que se propõe para trabalhar nesse ano.
3. A apresentação e tomada de consciência das *diferentes formas de aprender a realidade:* para que serve ou se utiliza tal ou qual procedimento?

Isso significa levar em conta que a professora estabelece seu trabalho em sala de aula em contraste e em relação com uma série de decisões prévias (o que se deve ensinar) que tem presente para organizar a atividade dos Projetos. De forma específica, e nesse caso da educação infantil, pretendia avançar no conhecimento de novos procedimentos de trabalho, tentado aplicá-los ao tratamento da informação na dupla vertente de tomada de consciência sobre "o que se estava fazendo" e sobre "como se estava fazendo".

A concretização do anterior se realizou a partir da incorporação de um primeiro nível de conceitualização sobre a informação apresentada na sala de aula (buscando diferentes formas de aprender a realidade). A especificação desses aspectos poderia ser estabelecida como se aprecia neste quadro:

PERGUNTAS	CONCEITUALIZAÇÕES
1. Como são? Por que são dessa maneira?	1. Relações de funcionalidade.
2. Por que passamos da denominação de "panteras" para a de "felinos"? Por que são dessa maneira?	2. Relações atributivas de generalização e inclusão.
3. O que lhes faz ser dessa maneira?	3. Relações brutais.

Reconceitualização psicopedagógica da professora
nas decisões no Projeto de trabalho.

As atividades da turma não só pretendem realizar uma tarefa de conceitualização, mas também vêm acompanhadas por toda uma série de ações que se expressam oral e graficamente, com a finalidade, estas últimas, de começar a "romper" com o planejamento de representação estática e introduzir a representação do movimento aproveitando a sequência da caça dos felinos (ver ilustração).

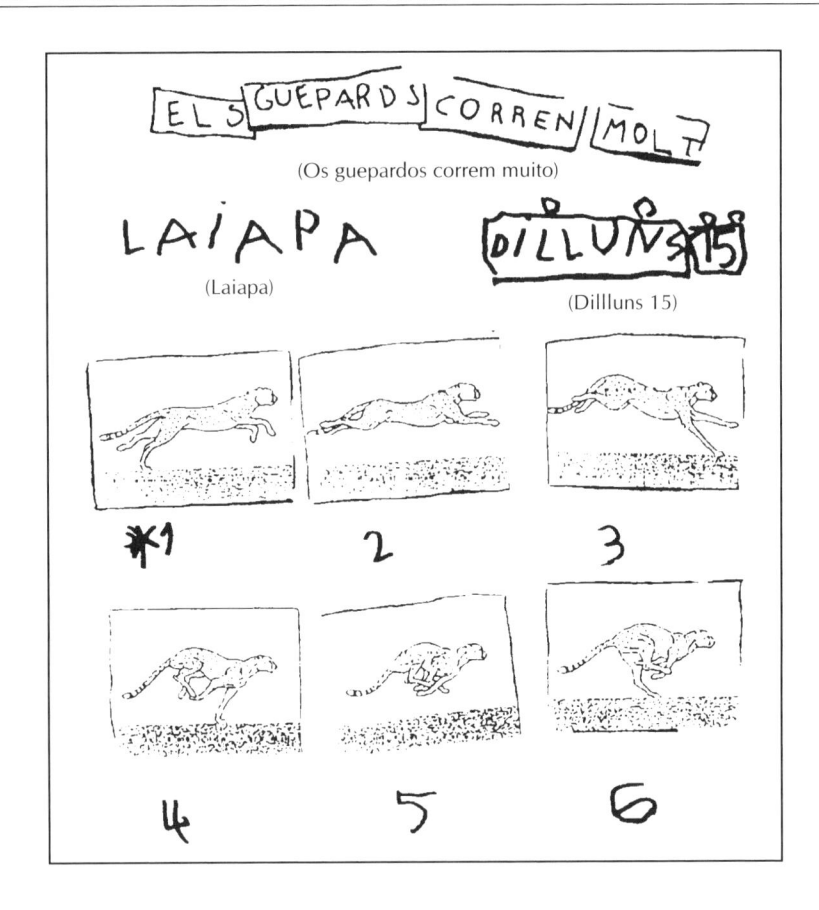

```
┌─────────────────────────────────────┐
│  ┌──┐┌────────┐┌──────┐┌────┐       │
│  │EL S││GUEPARDS││CORREN││MOLT│     │
│  └──┘└────────┘└──────┘└────┘       │
│       (Os guepardos correm muito)   │
│                                      │
│     LAiAPA          ┌─────────┐     │
│                     │DiLLUNS 15│    │
│      (Laiapa)       └─────────┘     │
│                      (Dillluns 15)  │
└─────────────────────────────────────┘
```

(Ilustração: seis quadros numerados de 1 a 6 mostrando guepardos correndo)

Nas ilustrações e no sentido preeminente de que dotamos nossa narração, não fizemos referência a todo o trabalho de leitura e escrita que essas atividades trazem consigo. Contudo, é necessário destacar que boa parte das situações para a aprendizagem da língua escrita se produz em torno dos Projetos.

Alguns exemplos de atividades realizadas no Projeto "Os felinos"

Uma das finalidades da organização dos conhecimentos escolares mediante Projetos de trabalho, tal como apontamos, é que os alunos adquiram consciência de seu processo de aprendizagem. Um dos procedimentos para que isso se realize é que a turma possa visualizar, em todo momento, a referência do índice, o ponto em que o trabalho se encontra (o que foi realizado e o que falta realizar?).

Para responder a essa necessidade, criou-se um mural aberto em que uma das entradas eram os diferentes títulos do índice. À medida que se ia conhecendo nova informação, se anotavam os aspectos que correspondiam à questão inicialmente proposta. Essa atividade, como todas as que se realizam em aula, está em íntima relação com a aprendizagem da língua escrita: todas as referências de informação são escritas, porque se parte de uma concepção psicolinguística segundo a qual as referências dotadas de significação contribuem para a construção da língua pelos alunos (FERREIRO; TEBEROSKY, 1979; FERREIRO; GÓMEZ PALÁCIO, 1982).

Realizam-se também trabalhos pontuais de classificação de animais segundo diferentes critérios, e com a pretensão de ir cobrindo os objetivos anteriormente assinalados, introduzindo sistemas categoriais, subcategorias, de inclusão ou de generalização em função dos atributos de classificação utilizados. Devemos assinalar, no entanto, que, se bem que seja certo que se produz uma assimilação e reconhecimento desses objetivos coletivamente, quando se realizam atribuições individuais o processo que se realiza responde mais a uma atividade de acomodação, e, por isso, aparecem classificações com critérios subjetivos.

A noção de definição baseada em critérios de objetividade foi uma das tarefas propostas pela professora para que fossem introduzidas nesse projeto. Nesse sentido, "os felinos" se definiram em relação a atributos: o lugar em que vivem (a savana ou a selva) e o tipo de alimentação que utilizam (o que lhes fez reconhecer a distinção entre carnívoros e herbívoros), o que implica também a incorporação de um vocabulário culto e objetivo no uso cotidiano das explicações de aula (ver ilustração).

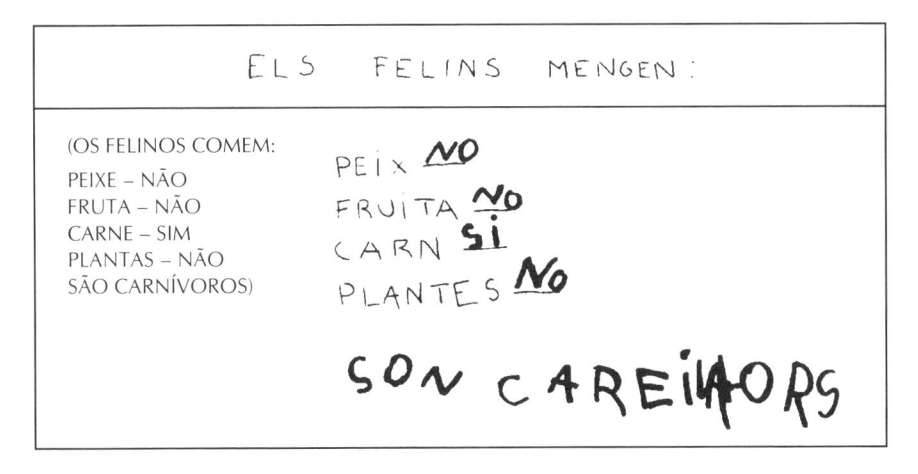

```
                ELS    FELINS    MENGEN:

(OS FELINOS COMEM:        PEIX  NO
PEIXE – NÃO               FRUITA  NO
FRUTA – NÃO               CARN  SI
CARNE – SIM               PLANTES  NO
PLANTAS – NÃO
SÃO CARNÍVOROS)             SON  CAREIVORS
```

A evolução do Projeto

Se há um objetivo de trabalho, a avaliação é proposta em relação a ele. Isso parece óbvio, mas, com os alunos menores, o planejamento das atividades, o acompanhamento de suas respostas e a obsessão por resultados fazem, ocasionalmente, se perder essa conexão.

Por isso, para não perdê-la, quando a turma estava construindo o dossiê de síntese das atividades, a professora se perguntou qual teria de ser o título do Projeto. Com isso pretendia comprovar se as implicações que comportavam a distinção entre "panteras" ou "felinos" tinham sido captadas e assimiladas em toda sua complexidade. E aconteceu que, ainda que a professora tenha voltado a estabelecer a relação de inclusão que se dava entre essas duas denominações, para alguns alunos isso não tinha ficado totalmente claro.

Isso resultou num trabalho de avaliação com dupla finalidade: por um lado, de recapitulação, e, por outro, de captação da diferença denominativa, pelo diferente valor de atribuição que implicava.

A professora pediu aos alunos que realizassem, em primeiro lugar, uma lista dos aspectos trabalhados e do que acreditavam ter aprendido. A seguir, lhes pediu que realizassem uma classificação de diferentes animais (ver ilustração). Com isso, se pretendia tornar conscientes as transformações operadas em cada um e como a nova informação aprendida dava critérios para compreender a mudança de denominação.

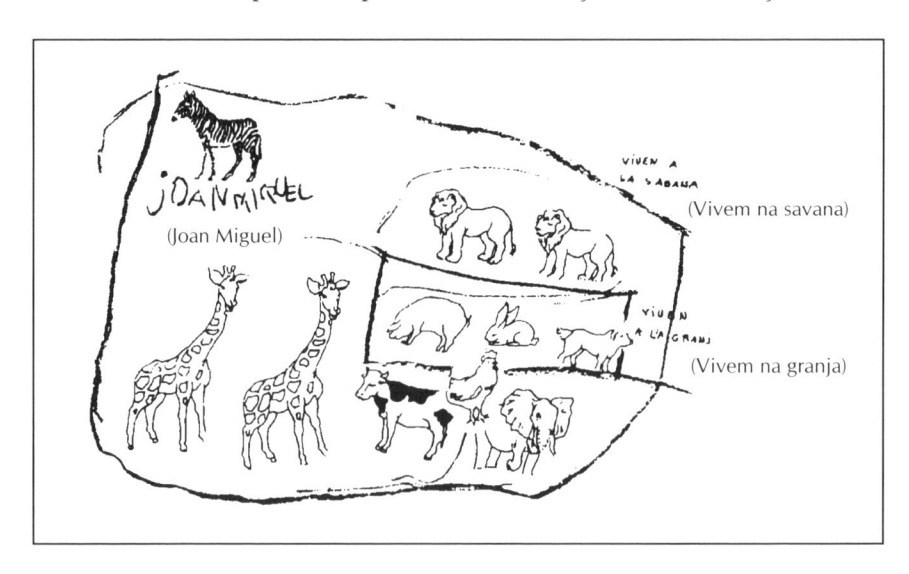

A complementação de tudo apresentado anteriormente se centrou num trabalho de escrita em que a professora remeteu à turma o título que inicialmente se havia dado ao Projeto e ao fato que, ao final, se houvesse voltado a escrever a denominação "panteras". A comparação das duas produções, com todo material que durante aquele mês se havia realizado, levou a analisar as mudanças e a justificá-las, o que facilitou a reflexão sobre a diferença de produção escrita que se ia adotando, assim como a relação significativa que implicava na aprendizagem, tal como aparece na ilustração.

	(Joan Miguel)
(Panteras)	PANTERAS
(Panteras)	PANTeRAS (26 de fevereiro)

Trabalho simultâneo

O desenvolvimento de um Projeto de trabalho não cobre nem esgota o horário da aula. Por isso, enquanto se estudava o tema "Os felinos", o grupo na educação infantil ia realizando outras atividades:

1. Língua centrada, por um lado, na aprendizagem da língua escrita e, por outro, no início da leitura.
2. Matemática centrada nas ações de "botar" e "tirar" e no princípio do sentido da numeração.
3. "Canto" de "jogo de destreza", "pintura", "teatro" e "escrever cartas".

O PROJETO DE TRABALHO SOBRE "O DESERTO" (3º ANO DO ENSINO FUNDAMENTAL)

Realizado durante o segundo trimestre do período 1987-88, na turma de 3º ano do ensino fundamental. Sua professora era Maria Gómez del Moral.

O processo de tomada de decisões nos Projetos de trabalho

Diante de um Projeto de trabalho, o realmente importante não é o que a professora faz, e sim o processo de tomada de decisões que realiza quando escolhe alguns materiais e não outros, quando espera um resultado frente a outro também possível, quando se propõe alguns objetivos entre uma multiplicidade.

Esse processo de tomada de decisões se realiza sobretudo a partir da própria ação, da prática cotidiana, e como foi posta em evidência a perspectiva de trabalho sobre o pensamento dos professores (PÉREZ GÓMEZ, 1987; HERNÁNDEZ, 1988b), se realiza de forma inconsciente e imediata.

Na trama interna, há um problema que queremos destacar. O que se apresenta a seguir é uma *sequência que organiza as decisões da professora* do 3º ano do ensino fundamental diante de um Projeto de trabalho, o denominado "estudo do deserto". Essa sequência não é linear, e sim relacional. Sua apresentação linear se deve à necessidade de organizar de forma eficaz o processo de tomada de decisões expressado e recolhido a partir das explicações da professora, e para refletir com ela sobre sua prática.

Esta tarefa foi desenvolvida depois de realizado o Projeto e sobre a transcrição de sua narração do trabalho realizado. Isso permite conhecer a coerência das decisões tomadas e prepara futuras estratégias que não foram desenvolvidas, para futuros Projetos.

Com tudo isso, além do mais, se recolhe a peculiaridade narrativa da experiência, que de certa forma pretende mostrar o estilo profissional do educador que a realizou. Como em cada um dos "casos" apresentados, neste Projeto também fica refletido um problema de forma destacada: *O processo de tomada de decisões da professora no desenvolvimento do Projeto.*

Outros aspectos que podem ser destacados são: o tratamento da informação; a organização do grupo com respeito à informação; a maneira de avançar no Projeto segundo as decisões da professora; o processo de escolha de um tema.

Introdução: ter critérios para escolher o tema de um Projeto de trabalho

O que se fez em primeiro lugar foi recordar os Projetos trabalhados anteriormente, tanto neste como em outros períodos letivos. Com essa bagagem, foram feitas as novas propostas. (Devemos assinalar que a organização dos conhecimentos por Projetos reclama uma aprendizagem progressiva por parte dos alunos. Cada Projeto, cada curso, implica novas experiências, problemas e complexidades nas quais se introduz. Daí que a relação estrutural que se vai estabelecendo entre os diferentes Projetos "para recordar o aprendido" tenha um valor fundamental e requeira, por sua vez, uma boa repassagem e coordenação por parte dos professores.) Os temas propostos foram:

– O universo, o mundo, o espaço e a Terra.
– Os carpinteiros e os pescadores.
– A selva: animais e plantas.
– Os homens pré-históricos.
– O *rally* Paris-Dakar.

Partindo dessas propostas, se estabeleceu a organização e escolha dos temas que fossem mais concretos e dos que permitissem aprender aspectos diferentes dos trabalhados até então.

Tratava-se, com isso, de selecionar as diferentes propostas segundo os seguintes critérios (que em si mesmos constituíam elementos de valorização crítica dos temas propostos e um convite aos alunos a fundamentar suas decisões e a responsabilizar-se pelo seu interesse pelo que iam aprender):

1. Temas que já se haviam trabalhado direta ou tangencialmente. Com esse critério, foram eliminados os temas relacionados com os animais que já haviam sido abordados no projeto anterior. Os relacionados com o "espaço" e o "universo", ainda que sugerissem mais dúvidas, se considerou que já haviam sido estudados no Nível B da educação infantil.

2. Temas menos importantes. Dentro desse grupo foram incluídos os temas dos "pescadores" e dos "carpinteiros".
3. Temas propostos por uma parte da turma. Neste grupo entraram os temas sobre "a selva: animais e plantas" e "os homens pré-históricos". Esta última proposta foi feita por um menino cuja mãe é arqueóloga e que, portanto, tinha muita informação sobre o tema. Uma parte da turma argumentou que não tinha muito sentido trabalhar esse Projeto, pois os alunos do 5º ano já o estavam fazendo; contudo, para outra parte do grupo, isso não era um inconveniente, pois quando se realizou o Projeto sobre "as aves", coincidiu com os de Nível B da educação infantil. Outros, por último, opinaram que era um tema muito difícil para eles.

Os dois temas finalistas foram "A pré-história" e "Paris-Dakar", mas enunciado como "O deserto". Como se tratava de valorizar sobretudo o sentido de argumentação frente às propostas feitas pela turma, e para não ter de escolher entre uma dessas duas, a professora propôs que o tema "Pré-história" podia ser trabalhado num dos "Cantos", para o qual os alunos poderiam contribuir com diferentes tipos de informação com respeito ao tema e ir construindo-o segundo seus interesses. Essa proposta foi muito bem aceita pelo grupo, com o que o tema que se estudaria no Projeto passou a ser "O deserto".

A reflexão que se deriva dessa sequência de inter-relações é: sobre a base de que critérios se produz a escolha de um tema e o descarte de outros? Como se pode apreciar, são os argumentos que a classe propõe, e não a natureza do tema, que servem de explicação para essa escolha.

Há uma conexão entre o interesse informativo do tema que os alunos apresentam e os objetivos definidos pela professora, que acabam se articulando no diálogo de intercâmbio da turma e marcam a escolha. Neste caso, esse Projeto tinha que ser uma "ponte" com os procedimentos sobre a organização de um tema apresentado anteriormente.

Em nenhum caso, a escolha tem lugar, como nos Centros de interesse, pela vinculação ou não do tema com os objetivos ou conteúdos específicos previamente definidos. Qualquer tema é uma desculpa de motivação para o aluno e pode encadear-se no percurso que a professora propõe para desenvolver os objetivos procedimentais que orientam sua ação (ver Anexo 2).

Início do trabalho: fixar os objetivos do Projeto

Tal como a professora do Nível A os apresenta, esses hão de ir além dos conteúdos e, portanto, não necessita, para formulá-los, que o tema do Projeto já esteja explicitado. Sejam quais forem os conteúdos, ela decide que o Projeto, proposto para desenvolver uma série de procedimentos de trabalho, cumpra, por si mesmo, uma finalidade que vá além da própria escolha do tema. E isso acontece porque, como já vimos na teoria dos Projetos, a explicitação dos objetivos do Projeto constitui sempre um recurso para realizar:

1. A reflexão em torno da estrutura cogniscitiva básica do Projeto.
2. A especificação dos procedimentos.
3. A conexão com os objetivos finais da série e de etapa.
4. A vinculação com o momento no qual se encontra o trabalho na etapa da escolaridade (ver Anexo 2).

A professora define os objetivos do projeto em relação com sua percepção prévia da turma, com os trabalhos que foi realizando anteriormente, e baseada num diagnóstico específico derivado de uma prova e do intercâmbio com o grupo.

No caso do Projeto sobre "O deserto", se colocou em andamento a organização de uma turma. Uma parte desta colocação em andamento foi a de recuperar e expressar alguns dos objetivos que haviam sido abordados em temas anteriores:

1. Aprender a tratar em profundidade um tema.
2. Conhecer e praticar formas de sistematização da informação.
3. Saber resolver as perguntas ou os problemas propostos a partir da informação trabalhada.
4. Saber "mover-se" entre informação proveniente de diferentes fontes e meios.

Busca das fontes de informação

A busca da informação, contrariamente ao que acontece nos Centros de interesse, não é tarefa exclusiva da professora, e sim compartilhada com a turma de aula. É esta que trabalha o Projeto. A informação se estabelece não em termos de cobrir alguns conteúdos, e sim de facilitar a aquisição de alguns procedimentos de trabalho. A qualidade do material escolhido, seu nível de novidade ou de dificuldade está vinculado ao trabalho sobre o sublinhado como "o mais importante" de um texto, proposto pela professora.

Começar com uma pergunta como desencadeante do processo de aprendizagem

Uma vez estabelecido o tema, a professora orienta o interesse da turma por ele a partir de uma série de questões. Estas adquirem várias formas em sua apresentação: perguntas, hipóteses, definições, afirmações, dúvidas, etc. Mas, em qualquer caso, seu interesse se situa em que "despertem o desejo de saber" por parte do aluno, lhe fixa uma meta, lhe propõe um problema para resolver. No caso que abordamos, as questões "o que é um deserto?", "como é formado?", "de que é feito?" centram o motivo da escolha do tema tal como o interpretou a professora, situa a turma ante o prioritário e que será objeto de estudo, e se conecta com os interesses extracurriculares do grupo.

(O deserto)

(Fanta)

Tomemos como exemplo a última dessas perguntas para acompanhar com maior proximidade a atividade de classe. De que é feito um deserto?, pergunta a professora, e, diante dela, os alunos dão diversas respostas: "E feito de areia", "de gelo", "de pedras". A variedade de respostas supõe a necessidade de tomar decisões coletivas em aula. Tratar os desertos em geral é demasiado amplo, por isso se escolhe o do Saara, porque sua referência estava mais próxima devido à presença, nos meios de comunicação, da corrida automobilística "Paris-Dakar", que havia estado na origem da questão (ver ilustração).

Primeira organização do índice

A partir dessa delimitação se inicia a elaboração do índice; esse momento do processo de trabalho se demarca num conjunto de decisões:

1. Criar propostas de índices individuais, como resposta às perguntas do momento anterior, que situam cada aluno frente a seu próprio conhecimento.
2. Essas propostas são recolhidas, analisadas e ordenadas pela professora, que as devolve ao grupo.

TRANSCRIÇÃO DA INTERVENÇÃO DE UM ALUNO

Os habitantes do deserto e seus costumes. Qual é a sua raça? Os habitantes do deserto: os tuaregues. Como vivem seus costumes? Qual é o seu idioma? Como vivem: as casas, as caravanas, as tendas. A alimentação dos tuaregues, suas vestimentas, suas defesas. A orientação no deserto. Em que se trabalha no deserto?

Características do deserto do Saara. O deserto é pobre? Onde estão os desertos? O solo do deserto: a areia. A temperatura do deserto. As tempestades de areia. Os poços de areia. Os redemoinhos de areia e as dunas. Os oásis do deserto. Quantos quilômetros mede o Saara?

A fauna do deserto do Saara. Os animais do deserto do Saara: Quais são? O que comem? Como são? Como vivem?

A vegetação do deserto do Saara. Por que há palmeiras e não outras árvores? Os cactos: como podem viver no deserto? Por que não há muita vegetação no deserto?

Curiosidades do deserto do Saara. O Paris-Dakar, as pirâmides. Existem polvos de areia?

3. O resultado dessa classificação é uma ordenação de subtemas e de perguntas, que servirão para ir localizando cada uma das partes da lista apresentada pela professora como resultado das intervenções dos alunos.
4. O que embasa uma estruturação do índice por partes e no qual se destaca o que é nova informação e o que se vai estudar.
5. Decisões sobre como a turma vai trabalhar, tanto para os alunos como para professora. Nesse momento, se faz uma divisão de tarefas e responsabilidades, segundo a proposta feita pela professora: "A fauna do deserto" seria preparada por um estagiário que, por aqueles dias, estava na aula; a professora planejaria os capítulos sobre "As características gerais e a vegetação"; e os alunos, organizados em subgrupos, o tema "Os habitantes e seus costumes".

Início da elaboração da informação: evidenciar uma estrutura de conhecimento

Antes de abordar o desenvolvimento dessa atividade, a professora faz uma recapitulação que permite organizar a ação dos grupos mediante uma série de perguntas que orientam, por sua vez, o sentido geral do Projeto: "O que acreditas que seja um deserto? Por que acreditas que haja desertos? Como achas que se formam os desertos?".

1. As respostas dos alunos se aproximavam às esperadas pela professora. Sua classificação dá um sentido reflexivo ao grupo sobre o fato de que nem todas as respostas têm o mesmo valor: há algumas que são importantes, e outras tangenciais. Assim, ante respostas do tipo "Creio que existe o deserto do Saara para que se possa realizar o Paris-Dakar"; ou "Para que existam lugares com terra, porque se todos os lugares fossem de mosaicos como os de Barcelona, seria muito chato", o que nesse momento interessa à professora é que os alunos aprendam a fazer essa discriminação entre o "importante" e o "episódico".

> **TRANSCRIÇÃO DAS RESPOSTAS DE UM ALUNO**
>
> 1. Por que acreditas que haja desertos? Eu acredito que há desertos para que possa passar o Paris-Dakar e para que viva gente.
> 2. Como se formam os desertos? Eu acredito que os desertos se formam porque primeiro tinha sido um lugar onde não tinha nada e, com os anos, caiu muita areia.

2. Coincidindo com esse momento, se estabeleceu a importância da localização geográfica do deserto do Saara, ao que se seguiu um período de grande interesse por saber onde estavam os desertos da Terra, por que existiam, em que continentes estavam situados... Trabalhou-se, além disso, aspectos do tipo: Que quer dizer "continente", ou Equador ou Trópico?. Também se realizaram derivações sobre a temperatura, a pluviosidade, o clima, o tipo de vegetação. Todas essas tarefas puderam ser realizadas porque tornavam-se significativas dentro do processo de aprendizagem: eram reclamadas pela situação em que se encontravam os alunos, dando passagem à explicação de uma estrutura básica para o desenvolvimento da aprendizagem: a noção de relação entre dados e conceitos.
3. Os elementos que vão sendo estudados permitem estabelecer conexões entre eles: se não há árvore, há menos condensação e, portanto, choverá menos. A utilização de mapas foi um recurso que ia permitindo localizar toda a informação; tendo presente a relativa compreensão cartográfica dos alunos de 3º ano, o que fazia valorizar mais a utilização dos mapas e não a aprendizagem de alguns conteúdos que dela poderia derivar-se.
4. Esse processo de tomada de decisões, de descobertas dos alunos e da professora se fecha com uma reflexão desta sobre o sentido do Projeto: por que o deserto é um tema que possa interessar a alguns alunos do 3º ano? A resposta que a professora apresenta é que esse ano se caracteriza por ser uma época em que a criança se abre para o mundo exterior, quer saber o que há além dos limites de sua cotidianidade.

Desenvolvimento do Projeto: o tratamento da informação

O eixo é dar resposta às perguntas: o que é um deserto? Como se formam? Os passos seguintes são os que articulam as formas adotadas para tratar a informação:

1. Introdução de conceitos e referências novas.
2. Utilização de novos procedimentos.
3. Utilização de fontes de informação.
4. Organização dos aspectos que dão resposta às perguntas propostas.

Essas primeiro quatro variáveis foram sendo assinaladas na medida em que se ia desenvolvendo o Projeto. Assim, ante o primeiro bloqueio de informação assinalado no índice – "características de um deserto" –, a professora estabeleceu como proposta de trabalho "ler um texto e extrair as partes mais importantes para elaborar uma definição". Como resposta a essa situação, e a título de exemplo, os alunos sublinharam num texto "todos os desertos têm uma coisa em comum: muito pouca chuva e água".

TEXTO ESCOLHIDO POR UM ALUNO E FRASE-RESUMO

A maioria das pessoas imagina os desertos como grandes mares de areia, lugares inóspitos e solitários ressecados pelo sol abrasador. Mas nem todos os desertos são quentes. Alguns se encontram na parte mais fria da Terra e, inclusive, todos os desertos quentes podem ter temperaturas muito baixas durante a noite. Tampouco todos os desertos são de areia. Alguns são rochosos e outros podem ser de sal ou de gelo. Mas todos os desertos têm uma coisa em comum: muito pouca chuva ou água. São lugares muito perigosos para os seres vivos, que necessitam de água para viver. Apesar disso, inclusive os desertos mais quentes podem dar vida a uma variedade extraordinária de plantas e animais.

Como não há água, quase não há seres vivos.

No capítulo sobre "formação do deserto" se trabalharam questões do tipo: desencadeantes e mudanças de temperatura: o vento como fator de erosão. Para estudá-lo, realizou-se uma análise de texto, tomando as ideias principais.

5. Realização de trabalhos de complementação sobre os animais que vivem no deserto e a vegetação que nele se dá.

A estudante estagiária havia preparado o capítulo "A fauna do deserto do Saara". Para apresentá-lo, partia-se de uma pergunta-hipótese que se estabelecia à turma: "Que animais acreditas que haja no deserto do Saara? Por que acreditas, segundo a lista que propões, que esses animais possam viver no deserto? Que características comuns devem ter, no caso de que devam ter alguma?". Analisando a informação obtida pelo grupo, se elaborou uma lista da qual foram excluídos os animais que não eram do deserto, deixando só os que pudessem viver nele. Partindo dessa lista, se realizou a seguinte classificação: mamíferos, répteis, insetos, aves e aracnídeos, e buscou-se informações conjuntamente com alunos e professores (ver ilustração).

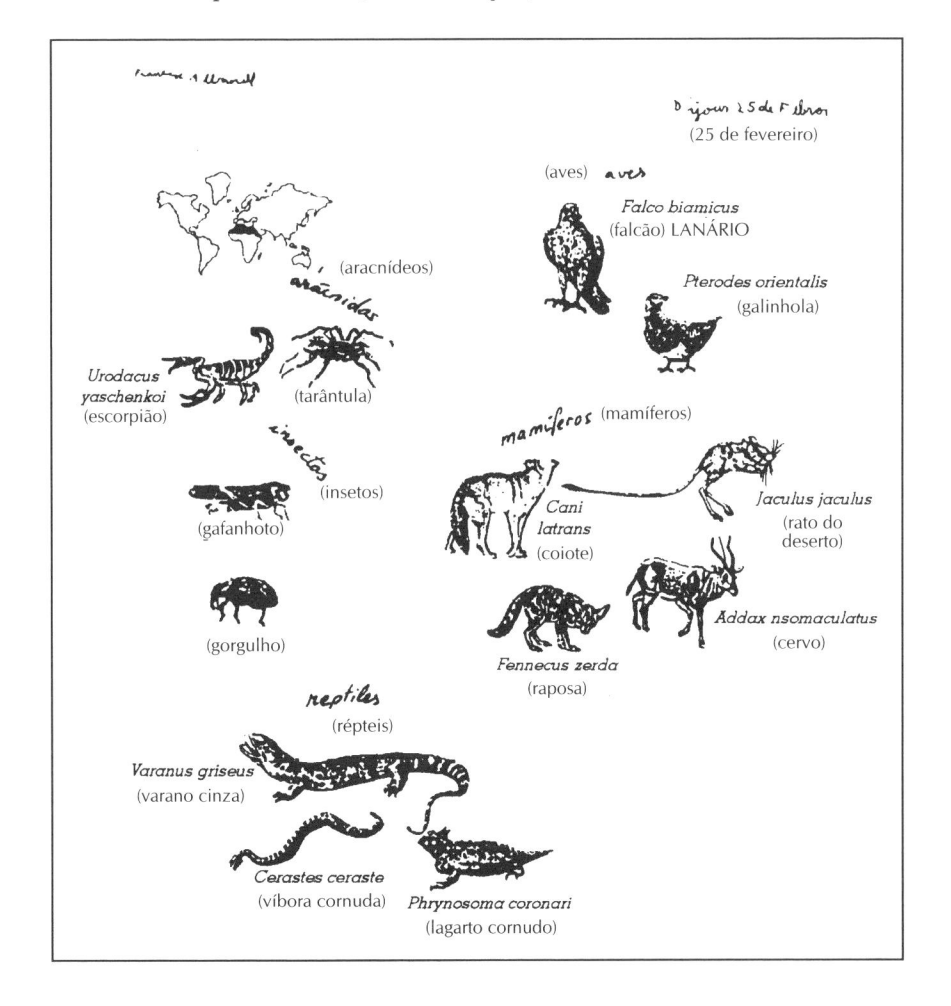

6. Aprofundar-se em conceitos novos que não só implicam definições: por exemplo, a adaptação.

Essa lista classificada foi comparada com o que a turma tinha elaborado diante da pergunta-hipótese, e se formulou a ideia de que há animais que são capazes de viver no deserto, chegando assim ao conceito de "adaptação" dos animais às condições da vida do deserto.

O processo que se realizou para trabalhar esse aspecto foi o seguinte:

a) A partir de uma frase muito concreta se abordou o que seria a informação decisiva do conceito de adaptação.
b) Facilitou-se uma informação mais ampla da qual se deveria extrair as ideias mais importantes.

Tudo o que se ia elaborando era contrastado em conversações coletivas, o que implicava explicá-lo de outra maneira: fazer uma análise e uma síntese em nível verbal.

Esse mesmo esquema se seguiu no capítulo sobre a vegetação, abordando aspectos relativos ao processo de empobrecimento do solo e aos tipos de vegetação existentes na atualidade.

7. Fazer uma análise, por parte da professora, do processo realizado para cobrir as primeiras fases do Projeto, refletindo sobre ele:
a) Obteve-se um material que enfatiza muito as definições, repetindo além disso um mesmo esquema: frente à informação, buscar frases e comentá-las.
b) Aprendeu-se a destacar o que é o mais importante do trabalhado.
c) Realizou-se uma síntese verbal na sala de aula.

8. Trabalho em pequenos grupos sobre o subtema dos "tuaregues". Este se encontrava incluído no capítulo "Os habitantes do deserto e seus costumes". Para isso, foi necessário organizar o funcionamento dos sete grupos de aula e da informação, e dar a ideia de que as partes que se trabalham formam um todo. As unidades que puderam organizar-se

frente à informação foram: os tuaregues, a água e a alimentação; os vestuários; como e onde vivem; ferramentas e objetos; as caravanas.

Realizaram-se sete fotocópias de um mesmo material e cada grupo tinha que sublinhar o aspecto que devia trabalhar. Com o resultado, cada grupo tinha que preparar um informe para expô-lo aos demais levando em conta diferentes formas educativas:
– Com um responsável que ia elaborando a informação e que a passava aos outros membros do grupo.
– Reunindo-se nos fins de semana.
– Discutindo em conjunto todos os pontos.
– Dividindo-se o trabalho em duplas.
– Repartindo-se funções: um pensava, outro desenhava, outro escrevia...
– Expunham o trabalho por capítulos, esquemas, textos, redações...

Realizar a avaliação

A professora propôs aos alunos que participassem de uma simulação: como viverias se fosses um tuaregue? Por quê? O grupo dispôs de uma tarde para realizá-la, podendo para esse trabalho consultar toda a informação que fosse necessária. O que a professora pretendia era que os alunos não só organizassem a informação, mas também que a argumentassem. As respostas obtidas foram muito diversas; enumerativas, fabulativas, pouco sistemáticas... A análise das respostas levou a professora a refletir sobre os resultados da avaliação. As poucas referências a animais ou a aspectos geográficos eram devido ao tipo de enunciado da pergunta; ao mesmo tempo, se destacava uma certa dificuldade para responder devido à amplitude da resposta, à quantidade de informação que era necessário ordenar, dificuldades que vinham aumentadas pela pouca concretização da pergunta apresentada à turma.

Trabalho simultâneo da classe

Como já ficou explicitado no Projeto anterior, este não esgotava também o horário de aula, nem se considerava que pudesse cobrir tudo o que o aluno deva aprender na escola. Por essa razão, no grupo de 3º ano, além do Projeto, se realizavam outras atividades:

1. "Cantos" sobre a Pré-história, plantas medicinais, cálculo com calculadora para fazer a autocorreção, realização de construções com módulos e sua apresentação gráfica. Essa organização do trabalho, ainda que tenha o mesmo planejamento de fundamentação que os Projetos, se realiza porque permite ao aluno não depender da professora e ir-se organizando de forma autônoma. Esse processo deriva, durante o terceiro trimestre, num "plano individual", mudança que se produz com facilidade graças à organização prévia do trabalho realizado nos "Cantos".
2. Oficinas interclasse relacionadas com a área de expressão plástica.
3. Atividades em torno da Língua, nas quais se trabalhava o sentido da palavra, frase, o texto como acumulação de frases... e se aproximavam ao sentido de estrutura gramatical e à noção do que quer dizer "definir" alguma coisa.
4. Atividades em torno da Matemática nas quais se introduziam à subtração "onde vai um número" e se consolidava o trabalho sobre a centena (sistema decimal). Além disso, se abordava o conhecimento do tempo no relógio e, de forma paralela, o sentido da multiplicação e da divisão das partes, metades, quartos...

O PROJETO DE TRABALHO SOBRE "OS DESERTOS: O DESERTO DO SAARA" (6º ANO DO ENSINO FUNDAMENTAL)

Realizado durante o segundo trimestre do período 1987-88, na turma de 6º ano do ensino fundamental. Sua professora era Maite Mases.

Aspecto básico a destacar: as formas de abordar a organização de um Projeto.

Outros aspectos a salientar: a criação de uma estrutura organizativa do grupo para realizar o estudo do Projeto; os aspectos que refletem a tomada de decisões por parte da professora.

A escolha do Projeto

Depois de realizar o Projeto do primeiro trimestre sobre "o corpo humano", com o novo ano se inicia um processo de introdução de novas propostas de trabalho. Algumas delas já haviam sido propostas durante o período anterior, como foi o caso do tema de "as novas tecnologias". Decidiu-se trabalhar "o deserto do Saara", mas, depois que a professora perguntou ao grupo se sabiam responder a pergunta "por que há desertos no mundo", o interesse inicial ampliou-se e o Projeto se converteu em "Os desertos: o deserto do Saara".

Os argumentos para a escolha desse Projeto foram: a) "temos pouca informação, sabemos pouco", "não sabemos responder a pergunta que a professora nos fez", e b) "é o tema que nos apresenta questões mais interessantes".

No início do período, se havia decidido realizar um Projeto em catalão e outro em castelhano para melhorar o nível de conhecimento e domínio desta língua. Por essa razão, o Projeto "o deserto" foi realizado em castelhano.

Início do trabalho

Uma vez decidido o Projeto, se procedeu à organização do trabalho para poder desenvolvê-lo. Vale a pena destacar que cada Projeto tem uma organização própria, determinada por um conjunto de fatores, entre os quais devemos destacar: os objetivos definidos pela professora, os conteúdos específicos do tema e as características do grupo que vai realizar o trabalho. Cada Projeto tem, além disso, um nexo condutor. Nesse caso foi a pergunta feita pela educadora: "por que há desertos no mundo?".

A partir das respostas dadas pelos alunos, organizou-se a atividade a partir de três níveis:

1. *Desde as hipóteses individuais.* Parte-se da organização da hipótese que cada aluno formulou para poder responder a esta questão. A partir da conceitualização da informação que se vai tratando na sala de aula, é possível ir comprovando, verificando e contrastando cada uma delas. Seria possível dizer que o grupo parte das explicações que vão sendo elaboradas em aula para poder chegar, primeiro, à compreensão do problema que está por trás da pergunta da professora, e, após, a uma definição daquele.
2. *Desde uma perspectiva coletiva.* Elabora-se um índice inicial que, depois, vai sendo modificado e ampliado em função da informação que vai chegando à turma. "O deserto do Saara" é um exemplo de que o Projeto permite ao grupo realizar um trabalho de descrição com mais detalhes, ao mesmo tempo em que lhes permite delimitar e relacionar os diferentes itens do tema.
3. *Desde os interesses individuais.* Nele se tratam todos os aspectos que respondam aos interesses particulares dos alunos e que não são contemplados no índice coletivo.

A organização do trabalho para a realização do Projeto

Esse Projeto, pois, se realiza em três níveis, em três frentes diferentes. Todos eles têm o mesmo ponto de partida: a pergunta proposta pela professora e as correspondentes hipóteses e respostas formuladas pelos alunos, e cuja síntese é a seguinte:

1. Formulação de hipóteses: o problema proposto é a compreensão e a definição a partir da explicação. Esse caminho permitia encontrar respostas para pergunta inicial *"porque há desertos no mundo?"*.
2. O deserto do Saara. O problema que devia ser resolvido era vincular a descrição e as diferentes partes de um trabalho.

Para isso, o índice que ordena a informação deve evoluir. O índice inicial se modifica e se amplia.
3. Possibilidade de ampliar a informação de maneira individual a partir dos níveis l e 2.

Vale a pena ter presente, antes de tratar de uma forma detalhada a maneira como se desenvolveu o tema, que, na medida em que se vai obtendo informações, se vai analisando, ou seja, buscando torná-la significativa. Isso faz com que, para alcançá-lo, estejam "funcionando" os três níveis de forma simultânea, o que implica um "ir e vir" constante do enfoque geral às três maneiras de desenvolvê-lo; com o que se abre a possibilidade de que os alunos aprendam a estabelecer relações no momento de tratar as informações num Projeto. Esse processo é o que agora passamos a explicar.

Desenvolvimento do trabalho

A partir do nível 1. O primeiro trabalho que se realiza consiste em diferenciar "uma hipótese" de uma "opinião". Esse elemento implica que as hipóteses propostas teriam de mudar o sentido de sua formulação e passar do "eu opino" ao "eu suponho". É fácil de detectar o sentido de progresso na aprendizagem a partir dessa observação: anteriormente, em outros anos, os alunos haviam utilizado o termo hipóteses, mas como uma forma genérica de denominação, sem destacar sua especificidade atributiva, que agora se considera necessário delimitar.

Essa proposta levou à consulta do dicionário para formalizar a diferença entre os conceitos pares "hipótese/suposição" e "opinião/pensamento". Uma vez esclarecida essa situação, se procedeu a ordenação das hipóteses apresentadas pelos alunos mediante uma análise, agrupando-as nos seguintes critérios:

- 24 crianças supunham que os desertos existiam porque se dava uma relação com o clima (com a temperatura, a pluviosidade, o ciclo da água e os ventos).
- l criança supunha que havia uma relação com a temperatura interior da terra.
- 4 crianças supunham que os desertos se deviam à ação destruidora dos seres humanos.

- 1 criança supunha que os desertos haviam aparecido no período de formação da terra.

Algumas dessas hipóteses estavam formuladas nos seguintes termos: "Se supõe que, há muito tempo, quando a Terra realizava suas mudanças, onde hoje havia desertos, havia mar e lagos. A água foi filtrando-se. Por isso, sob os desertos há água, e o deserto vai crescendo porque o vento empurra a terra".

De forma paralela a essa atividade, elaboraram-se o índice coletivo e os índices individuais, já que se deve levar em conta que a denominação do Projeto "Os desertos: O deserto do Saara" engloba os dois índices. Assim, o índice individual pretendia organizar o estudo dos desertos, com o objetivo de comprovar as hipóteses individuais. Uma vez elaborados os dois índices, se procedeu ao desenvolvimento do trabalho, e como antes se apontava, sobre a base da pergunta: "por que há desertos no mundo?".

Foram formulados três tipos de respostas que se constataram com as hipóteses pessoais recolhidas na análise antes resenhada, e de acordo com as avaliações de: verdadeira, falsa ou incompleta. As respostas foram:

- "Há desertos no mundo porque, nas regiões tropicais, há massas de ar seco que se precipitam na Terra."
- "Há zonas nas quais se forma um deserto pela não confluência do vento e das nuvens."
- "Em outras zonas, essas cordilheiras evitam que chova, e se formam zonas desérticas."

Esse caminho permite ao grupo comprovar as hipóteses individuais sobre a base da localização dos desertos no mundo. Essa atividade permitia ao grupo chegar às seguintes conclusões (veja ilustração na próxima página):

- Os desertos mais importantes se encontram no hemisfério norte.
- Os desertos mais importantes se encontram em torno dos Trópicos de Câncer e de Capricórnio.

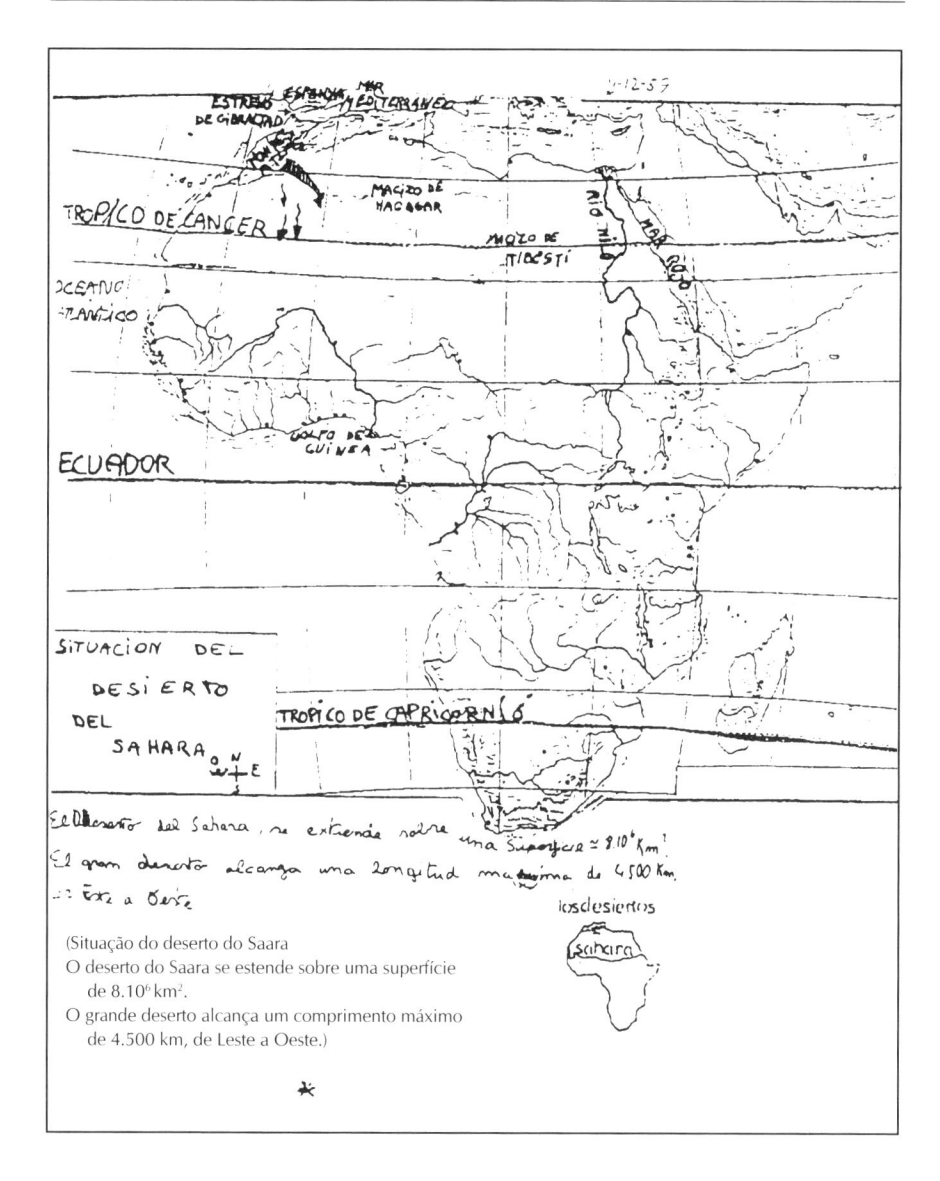

A organização do currículo por projetos de trabalho **121**

(Situação do deserto do Saara
O deserto do Saara se estende sobre uma superfície de 8.10⁶ km².
O grande deserto alcança um comprimento máximo de 4.500 km, de Leste a Oeste.)

Em relação a essas duas afirmações, a turma propôs duas questões:

- Pode-se estabelecer uma relação entre os trópicos e os desertos?
- Essa relação nos permite verificar as hipóteses que nos propusemos?

E com isso se chega a uma definição climática do que é um deserto. Uma definição não de dicionário, e sim resultado da conceitualização elaborada com as atividades anteriores: "Consideram-se zonas desérticas aquelas em que o nível médio de chuva é inferior a 200mm^3".

A partir do nível 2. Articula-se, sobretudo, a partir da criação do índice coletivo com o título "O deserto do Saara". Este tinha os seguintes enunciados:

1. Motivos de formação do deserto do Saara.
2. Situação: continentes países que o formam e extensão.
3. População e costumes: os tuaregues.
4. O subsolo do deserto: minerais, conflitos entre os países.

Enunciados que se vão modificando e perfilando a partir da informação que se obtém. Assim, com os tuaregues, se propunha abordar o conhecimento da população do deserto e de seus costumes, mas foi modificando-se para tratar de encontrar as causas da extinção desse povo e as razões pelas quais os costumes dos tuaregues estavam se transformando.

Mas, como se apontava, também o índice se amplia em função da nova informação que o grupo vai adquirindo. Surgem assim novos enunciados do tipo:

5. As dunas: de onde procede a areia?
6. Os oásis: de onde procede a água?
7. A agricultura do deserto do Saara.

De forma coletiva, iam sendo abordadas as concretizações que afetavam o tema do deserto do Saara, em relação com a pergunta geral apresentada no nível l: "por que existem os desertos?".

O nível 2 serviu para ir ampliando as fontes de informação que permitiram reconhecer relações que explicassem a pergunta geral. Assim, os conhecimentos obtidos sobre as zonas climáticas permitiu saber que há cinco subclimas tropicais e que um deles é o desértico. Este se origina pela confluência dos ventos secos e as correntes frias oceânicas, o que faz não chover. Isso é o que acontece no deserto do Saara, que pode ser explicado como resultado da combinação de pelo menos dois fatores: a ação dos ventos secos que vão de Oeste para Leste (explicação climática) e a presença das montanhas do Atlas (explicação geográfica) (ver ilustração a seguir).

Outra atividade surgiu a partir do conhecimento da informação sobre as correntes; o grupo chegou à conclusão de que elas existem de dois tipos no planeta terra: de ar e de água. A partir da informação sobre o clima, se chegou à conclusão de que a causa pela qual não chove no deserto do Saara é a confluência dos ventos secos e as correntes oceânicas frias, e, pelo contrário, chove no mar.

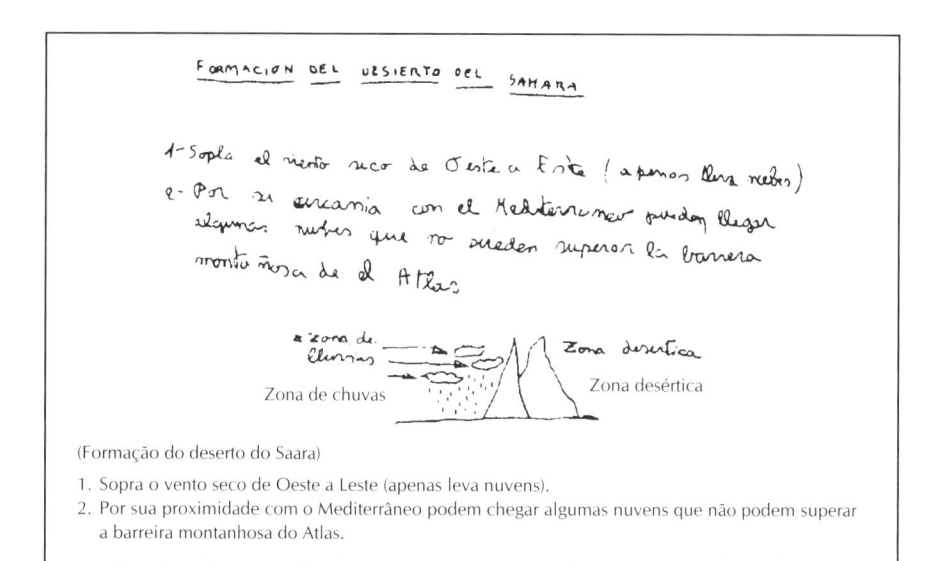

(Formação do deserto do Saara)
1. Sopra o vento seco de Oeste a Leste (apenas leva nuvens).
2. Por sua proximidade com o Mediterrâneo podem chegar algumas nuvens que não podem superar a barreira montanhosa do Atlas.

Também se realizaram exercícios para saber o que era, na prática, a oscilação térmica. Para isso se realizou uma comparação entre a temperatura do Saara e a de Barcelona. Concretamente, entre a da cidade de Barcelona e a de Gran Erg, na Argélia. A conclusão a que se chegou foi que a oscilação térmica média anual de Barcelona era de 25 graus, enquanto a de Gran Erg era de 50 graus. Em Grau Erg, como consequência da oscilação, poucos animais e plantas podem adaptar-se a essa grande diferença de temperaturas.

Outra atividade foi a da comparação das superfícies dos desertos e da Espanha, a partir da seguinte informação:

O Saara tem 8.000.000 quilômetros quadrados.
O Líbico tem 1.650.000 quilômetros quadrados.

O Arábico: 1.300.000 quilômetros quadrados.
O Australiano: 1.500.000 quilômetros quadrados.
O Colorado: 100.000 quilômetros quadrados.
A Espanha: 504.750 quilômetros quadrados.

Outra questão proposta foi: por que os tuaregues estão em perigo de extinção? Essa pergunta permitiu abordar quais podem ser as causas fundamentais da extinção de um povo. A informação obtida foi organizada narrativamente da seguinte forma:

"Em relação à economia, os tuaregues eram pastores de cabras das quais utilizavam o leite. Tinham escravos negros para cultivar as hortas. Comercializavam com camelos e trocavam sal por milho, trigo e tâmaras, pois não utilizavam o dinheiro.

Atualmente, os tuaregues continuam sendo pastores, mas não têm escravos porque o governo argelino aboliu a escravatura. Agora eles cultivam suas hortas, trabalham como pedreiros e compram a comida num mercado de Tamanrasset. Enviam seus filhos a um internato, onde lhes ensinam francês e árabe, e a vestir e a comer tal como se faz nas grandes cidades da Argélia.

O que acontecerá com os tuaregues? Deixarão de existir como tribo já que estão levando seus filhos aos internatos, onde lhes ensinam a viver como na cidade, e, quando saírem, não vão querer viver nas montanhas. Fazem parte da tribo dos tuaregues, mas não vivem como o haviam feito até agora."

Uma vez realizada essa análise, assistiu-se a um vídeo sobre os tuaregues. A observação sobre a filmagem se realizou levando em conta os aspectos anteriores e fixando-se não só nos detalhes, como, por exemplo, se as mulheres usavam véu ou não, ou como enterravam seus mortos.

O material trazido por uma aluna permitiu realizar outro tipo de trabalho, como o que se desenvolveu sobre o fosfato e deu margem a analisar o conflito do Saara Ocidental. A informação a que se chegou como síntese foi:

"O Saara Ocidental pertencia à Espanha como uma colônia. A Espanha se retirou daquele país e deixou o conflito entre os saharauis e os marroquinos. Há grandes zonas no deserto do Saara em que a areia contém fosfatos, que são indispensáveis para fabricar adubos. No mundo há poucas zonas que contenham fosfatos, por isso é tão importante o conflito que se gera pela propriedade da terra."

A partir desse ponto, cada aluno tinha que dar sua opinião sobre o conflito. Opiniões que foram do tipo:

"Minha opinião é que as duas partes do deserto (a República Saharaui e o Marrocos) poderiam fazer uma empresa que se dedicasse a recolher o fosfato e repartir depois o dinheiro."

Também se realizaram atividades que faziam referência a aspectos complementares do índice coletivo, por exemplo, "as dunas". Sobre esse aspecto, se estabeleceu que o mais importante não era saber de onde provém a areia do deserto. O trabalho sobre a oscilação térmica, feito com anterioridade, permitiu responder à questão:

"As dunas são zonas desérticas com areia. A areia, em algumas zonas desérticas, procede da desintegração das rochas submetidas à grande oscilação térmica de cada dia. As rochas se dilatam com o calor e se contraem com o frio, e, quando se contraem, se quebram. As dunas são areias que se movem pela ação do vento, e, quando encontram um obstáculo, formam pequenas montanhas."

Esta mesma estrutura na relação pergunta-atividade ficou incorporada no trabalho sobre os oásis. A questão que devia ser respondida não foi "o que é um oásis?", e sim "como se forma?, de onde vem a água?". A resposta foi dada nos seguintes termos:

"Sobre a procedência da água nos oásis: a água da chuva vai infiltrando-se nas camadas subterrâneas, atravessando camadas permeáveis até chegar a uma camada impermeável. Ali a água vai acumulando-se e cria um poço.

Sobre a formação de um oásis: quando os habitantes dos desertos encontram um poço bastante grande, plantam vegetação. Os oásis são uma consequência da presença de água e da ação dos seres humanos."

Para conhecer a agricultura do deserto, a professora perguntou se este podia ser um tema de interesse e se queriam incluí-lo no Projeto. Isso abriu caminho para uma tarefa de categorização e localização da agricultura no deserto. Ao mesmo tempo, se realizou um trabalho de derivação: como os animais e as plantas se adaptam ao deserto? Quais são as adaptações fisiológicas?

Esta atividade levou à realização de uma classificação dos animais em função da estratégia que utilizam para adaptar-se ao deserto, estratégias que estão em relação com sua capacidade de movimento, se são aves e se têm costumes noturnos. Assim, se estabeleceram enunciados do tipo:

Sobre as adaptações dos animais: "Alguns com muita mobilidade têm a possibilidade de fugir da seca, transferindo-se para zonas onde o deserto volta a tornar-se verde periodicamente. Esse é o caso das gazelas e dos antílopes".

"Os animais que têm costumes noturnos evitam a exposição ao sol e desenvolvem sua vida no amanhecer, durante o crepúsculo e durante a noite. Esse é o caso dos répteis e dos roedores."

"As estratégias das aves são parecidas com as do grupo anterior. Algumas efetuam longos voos diários, outras aproveitam as sombras das rochas e saem para buscar alimentos quando está amanhecendo. As de rapina e as insectívoras se alimentam dos tecidos dos animais e quase não necessitam de água."

Nesta classificação, o dromedário foi colocado em um item diferente, porque não é um animal do deserto, e sim adaptado a ele. Sobre esse animal, se concluiu:

"Sua adaptação é por acumulação de gordura. As almofadinhas que tem sob as unhas são para evitar que afunde na areia. Pode proteger o nariz mediante a utilização de alguns músculos que lhe permitem tê-lo aberto ou fechado durante uma tempestade de areia. O dromedário mantém a temperatura de seu corpo bem mais elevada, de maneira que a diferença entre a temperatura de seu corpo e a do ambiente seja mínima. Tem o corpo coberto por uma leve camada de lá para suavizar o impacto dos raios solares sobre a epiderme. Produz grande quantidade de gordura que guarda na corcova. Essa gordura pode ser convertida em íons de hidrogênio que, combinados com o oxigênio da respiração, formam a água."

A adaptação das plantas se abordou a partir de uma classificação inicial, em função de se eram anuais, cactáceas ou se tinham antibióticos nas raízes. O enunciado da síntese informativa sobre esse aspecto foi o seguinte:

"A água é o principal fator que limita a vegetação no deserto. As plantas anuais são as que predominam, pois seu ciclo é muito breve (algumas crescem, florescem e morrem em apenas 8 horas). As que se adaptam ao meio são as sementes que só germinam se "estão seguras" de completar seu ciclo. Outra forma de assegurar a adaptação é manter muito espaço entre umas e outras por meio da presença de antibióticos nas raízes, que não deixam crescer as sementes das plantas próximas. As cactáceas limitam a superfície, privando-se de folhas e reduzindo-se tão somente ao caule, que é muito grande e se transforma num depósito de água que lhes permite resistir a grandes períodos de seca."

A partir do nível 3. Foi abordado, como já foi dito, individualmente. Nele, cada aluno podia desenvolver os temas que lhe interessasse e que não figurasse em nenhum dos itens do Projeto comum. Como se havia concordado em realizar uma exposição de cada um desses trabalhos, recomendou-se recolher a informação de forma que facilitasse sua apresentação ao grupo. Por exemplo, um menino da turma tratou, nesse índice individual, do estudo de um animal do deserto: o rato-canguru (ver ilustração).

Todas essas atividades tentam resolver as diferentes questões propostas no índice geral e, ao mesmo tempo, permitem conceitualizar estruturalmente a informação para buscar repostas explicativas e relacionais além do detalhe ou da descrição.

A avaliação do Projeto

Uma vez finalizado o trabalho dos três níveis, se procedeu à avaliação do tema.

Dado que a sequência de aprendizagem tem diferentes momentos organizativos, a avaliação também tratou de adequar-se e responder a eles.

O nível 1

Realizou-se uma avaliação inicial que permitiu conhecer os preconceitos que os alunos tinham em torno da pergunta "por que há desertos no mundo?". Procedeu-se à ordenação de análise das hipóteses-respostas. A verificação se categorizou em respostas verdadeiras, falsas e incompletas.

O nível 2

Seguiu-se um processo de avaliação formativa mediante o desenvolvimento do índice inicial (ver os pontos de 1 a 14) e sua ampliação (ver os pontos de 5 a 7) para comprovar se a seleção de conteúdos e a organização da sequência eram as adequadas.

A professora recolheu os dados a partir dos trabalhos realizados. Sua análise e a interação com os alunos mostraram o processo individual que estavam realizando.

Também se fez um acordo de realizar uma prova final e a devolução e avaliação de seus resultados com o objetivo de recolher informação sobre os conceitos e procedimentos trabalhados no Projeto.

O nível 3

Organizou-se uma exposição, com o debate correspondente, das ampliações individuais do índice.

Os conteúdos trabalhados no Projeto

Uma vez realizado o Projeto, a professora destacou e explicitou, a título de síntese, os seguintes conteúdos, que também lhe haveriam de servir como ponto de partida para organizar o próximo tema e para contrastar com os objetivos da etapa. (Ver quadro na próxima página.)

Chegando a este ponto, pode ser de interesse assinalar que a inclusão de dois Projetos da mesma denominação não foi casual. Queríamos mostrar com isso que o importante não é o tema que se trabalha, e sim as relações que se articulam em torno dele e os níveis de complexidade que se vão adaptando ao processo de aprendizagem de cada turma, segundo sua "história" e as intenções da professora. O tratamento da informação nos Projetos sobre "os desertos" em 3º e 6º anos não significa incorrer em repetições e redundâncias, e sim permite fazer o aluno enfrentar novos problemas e formas de relação. O mesmo que acontece com o professorado e a situação que definem e resolvem em cada caso, que se encontra repleta de variações e peculiaridades.

CONCEITUAIS
1. Por que há desertos no mundo?
   – Situar os desertos num globo e num planisfério.
   – Identificar o Equador e os Trópicos de Câncer e de Capricórnio.
   – Relacionar a situação dos desertos e dos trópicos.
   – Conhecer as características do clima tropical desértico.
   – Situar os ventos e as correntes oceânicas frias relacionadas com os desertos.
   – Analisar as consequências da não confluência das nuvens e dos ventos.
   – Identificar os acidentes naturais que contribuem para a formação dos desertos.
2. O deserto do Saara.
   – Conhecer os motivos de sua formação: ventos, correntes oceânicas e acidentes geográficos.
   – Conhecer a situação e a extensão do deserto do Saara.
   – Analisar as consequências da oscilação térmica no que faz referência à adaptação ao meio das espécies que vivem no Saara.
3. Identificar os países que formam o deserto do Saara.
4. Identificar as características e as causas da extinção dos tuaregues: econômicas, políticas, climáticas e culturais.
5. Relacionar a presença das dunas com a procedência e os movimentos da areia.
6. Explicar a formação dos oásis, a procedência e os movimentos da areia.

PROCEDIMENTAIS
– Compartilhar o tratamento coletivo de informações.
– Abordar as informações e a construção do Projeto em três níveis: coletivo, individual-coletivo e individual.
– Estabelecer a distinção entre uma opinião e uma hipótese.
– Aprender a formular hipóteses com respeito à pergunta "por que há desertos no mundo?".
– Aprender formas de aproximar-se da informação para verificar hipóteses.
– Classificar as hipóteses em verdadeiras, falsas e incompletas.
– Elaborar informação a partir do estudo de mapas físicos do continente africano.
– Observar e inferir explicações sobre a localização dos desertos no mundo.
– Estabelecer a comparação térmica entre cidades a partir do exemplo das cidades de Barcelona e Gran Erg.
– Situar no mapa político os países que estão compreendidos no deserto do Saara.
– Identificar as características e formas de vida dos tuaregues a partir de um vídeo.

ATITUDINAIS
– Tomar consciência da importância do uso da água nas atividades humanas.
– Mostrar interesse pelas diferenças culturais a partir da explicação das causas de extinção de um povo.
– Utilizar as diferentes fontes de informação como forma de comprovar as hipóteses, as ideias, as opiniões.

Sequência de planejamento do Projeto sobre
"O deserto ", no 6º ano do ensino fundamental.

O PROJETO DE TRABALHO SOBRE "A ANTÁRTIDA" (7º ANO DO ENSINO FUNDAMENTAL)

Realizado durante o primeiro semestre do período 1987-88 na turma de 7º ano do ensino fundamental. Sua professora era Leonor Carbonell.

Problema a ser destacado: técnicas e procedimentos no tratamento da informação.

Outros aspectos a assinalar: a avaliação, os procedimentos utilizados, a relação do Projeto com o plano de trabalho e outras atividades da classe e a criação dos índices.

Introdução: a organização da turma de 7º ano

A organização do trabalho no 7º ano se realiza através de:

1. O Projeto de trabalho coletivo.
2. O Projeto de trabalho individual.
3. As matérias instrumentais.
4. As oficinas.

Cada semana, a professora, na tutoria de classe, dedica um tempo para organizar o trabalho da semana, no qual se realiza a previsão de atividades em cada um dos quatro níveis organizativos dos conhecimentos na classe. Desta forma, todos os alunos sabem "o que, o como e o porque" do que se fará durante a semana, tanto em nível individual como coletivo. Assim se consegue que a aprendizagem adquira um valor de contextualização e sua significação recebe uma nova projeção na medida em que todo o grupo sabe o que se espera que se vá trabalhar. Esse planejamento é recolhido numa folha semanal de "Plano de trabalho" que está em coordenação com a "agenda pessoal" de cada aluno.

Início do trabalho: a distinção entre o Projeto individual e o coletivo

Os dois tipos de Projetos de trabalho que se realizam na sala de aula têm pontos de confluência e de diferenciação entre si. Essa distinção, da qual a professora é consciente, deverá ser compartilhada também pela classe; para isso, se propôs ao grupo uma situação em que fosse necessário expressar tal diferença.

A resposta dos alunos foi:

- A forma de trabalhar é a mesma, pois em ambas se deve decidir o tema, elaborar o índice e buscar informações.
- A diferença é que não se conta com o apoio do grupo.

Além disso, e de uma forma generalizada, todos acreditavam que aprendiam mais no Projeto individual do que no coletivo. Com isso, demonstravam que sabiam se organizar, mas, no individual, aprendiam mais coisas.

Mas, tanto num quanto noutro, é necessário tomar consciência dos diferentes recursos que podem ser utilizados segundo o tipo de informação com a qual se trabalhe. Além disso, ambos incidem na organização individual do aluno, no que se refere ao tempo e a seu espaço de trabalho.

As estratégias procedimentais mais utilizadas no Projeto individual são, em resumo, a formulação de hipóteses, a realização de esquemas e quadros de recapitulação e a inferência de conclusões.

Componentes da relação ensino-aprendizagem que foram levados em conta no Projeto

No desenvolvimento do Projeto coletivo se tem em conta os seguintes aspectos: l) O índice; 2) O tratamento da informação; 3) Os procedimentos e as técnicas de estudo; 4) A tomada de consciência da duração do tema; 5) A avaliação.

1. *O índice.* Ao longo do tratamento de um tema, podem ser realizados três tipos de índices: o inicial, o geral e o final. O primeiro se baseia na tomada de contato que cada aluno realiza com o tema que se decidiu estudar. Parte da consideração cognitiva de que os alunos não são "uma caixa vazia", e sim que todos já sabem e têm uma ideia do que podem trabalhar a partir do enunciado de um tema. Partindo de uma situação coletiva, se chega a um índice organizado. Primeiro, a partir de todas as propostas individuais, e, depois, partindo de uma ordenação dos temas que conformaram o estudo do Projeto. No caso do Projeto da Antártida, houve onze títulos que resu-

miam as propostas individuais e serviam de pautas organizadoras de informação.

Uma vez realizada essa operação de planejamento, começa a desenvolver-se o Projeto de trabalho seguindo o índice. A medida que vamos tendo mais informações, vemos que há temas que não foram propostos no índice; ao mesmo tempo se realizam as modificações necessárias para chegar ao final do Projeto de trabalho. Nesse momento, se elabora o índice final, em que se recolhe todo o trabalho realizado. Em outro momento (HERNÁNDEZ; CARBONELL; MASES, 1988), identificamos, em forma de pesquisa, o valor que tem para os alunos a utilização dos três índices como procedimento que lhes vá incorporando progressivamente a organização da informação.

2. *O tratamento da informação.* Nesse aspecto, levou-se em conta, por um lado, a fonte de informação que se utilizava em sala de aula, e, por outro, como se tratava tal informação. Encontramo-nos com as seguintes fontes: livros, vídeos, mapas, materiais de entidades ecológicas, jornais, revistas, conferências, visitas, exposições, museus. Quanto a seu tratamento, devemos ter presente que a utilização de diferentes fontes leva implícito um processamento diferenciado. Não é igual o processo de relação com a informação que se estabelece diante de um vídeo e a leitura de um livro. Ainda que isso já tivesse ocorrido anteriormente na experiência escolar dos alunos, agora se tornam mais conscientes de sua significação.

3. *Os procedimentos e as técnicas de estudos* utilizados foram:
   - A partir de um roteiro, preenchê-lo de conteúdo depois de observar um vídeo.
   - Saber fazer perguntas que ajudem a conhecer aspectos do tema.
   - Utilizar a definição, às vezes como ponto de partida de um trabalho, às vezes como conclusão.
   - Utilizar planisférios para saber localizar nele as "linhas" de demarcação, assim como para situar a Antártida.
   - Conhecer e praticar o valor do sublinhado.

- Realizar comparações e classificações de dados segundo diferentes critérios.
- Estabelecer relações entre conceitos.
- Utilizar quadros sinópticos e esquemas para resumir a informação.
- Interpretar gráficos.
- Estabelecer conclusões a partir da informação trabalhada de forma individual e coletiva.
- Levantar hipóteses que depois devem ser comprovadas.
- Realizar experimentos para inferir informação.
- Fazer resenhas.
- Elaborar questionários.
- Iniciar a aprendizagem da escrita de anotações.

4. *A tomada de consciência da duração do tema* implica uma responsabilidade organizativa do tempo e do espaço, tanto individual como coletivamente.

5. *Na avaliação* são estabelecidas questões relacionadas com a nova informação conhecida ao longo do Projeto e com seus procedimentos organizativos que se tenham utilizado em aula. No capítulo sobre a avaliação, neste mesmo livro, se mostra um exemplo de seu tratamento em relação a esse Projeto, no qual se explicitam esses mesmos critérios dentro do sentido de globalização do ensino na escola.

A organização inicial do trabalho no Projeto

A maneira de abordar o tema é a seguinte:

1. Cada aluno deve saber a resposta à pergunta que a professora propõe em algum momento do desenvolvimento do Projeto.
2. É necessário, além disso, ter presente o segundo índice e, ao mesmo tempo, as fontes de informação de que se dispõe.
3. A informação que um vídeo apresenta serve para dotar de conteúdo o início de um Projeto e para começar a dar resposta às diferentes partes do índice.

Objetivos gerais do Projeto

Saber explicar as razões de uma decisão e a importância dos argumentos de aprendizagem. Elaborar critérios de decisão e de acordos. Elaborar um índice como guia de trabalho (o que fizemos, o que nos falta e que derivações podem ser extraídas do índice). Conscientização do tempo que se dedica ao Projeto e valorização do mesmo.

Conteúdos trabalhados no Projeto

Como assinalamos já em outro capítulo, a programação, na escola em geral, e nos Projetos, em particular, tem três momentos que servem para organizar a atividade de planejamento do professorado. No primeiro deles, uma vez delimitado o que se vai abordar com a classe, se especifica o problema ou estrutura fundamental que se quer destacar. Junto a isso se realiza uma previsão dos fatos, conceitos, princípios, procedimentos cognitivos e instrumentais e as atitudes que podem ser tratadas a partir do tema ou da situação definida. Durante a ação, a realização do Projeto, neste caso, se submete a revisão, e o professor vai incorporando, a partir de sua reflexão sobre a turma, os aspectos que resultam de maior relevância. Ao final, uma vez realizado o projeto ou a oficina, ou qualquer outra forma de organizar os conhecimentos escolares, se sistematiza a partir do dossiê de trabalho, da avaliação e da memória que, em forma de anotações, o professor foi realizando sobre o que, "em realidade", se trabalhou em aula. Isso permite, além disso, ter um instrumento de intercâmbio com outros colegas no momento da "mudança de série", uma pauta de referência para contrastá-la com os objetivos finais da etapa e com o próprio planejamento de curso realizada por cada educador. A lista que apresentamos a seguir é a que foi realizada pela professora de 7º ano uma vez realizado o Projeto sobre a Antártida.

---

1. **Conteúdos conceituais**
    * Situação da Antártida no mundo, a partir do globo terrestre e do planisfério.
    * Forma, extensão e relevo do continente.
    * Noção de acidentes geográficos.
    * Relação da fauna com o meio ambiente.

* O clima: diferença entre clima e tempo:
    – Grandes zonas climáticas do mundo.
    – O clima temperado: principais características.
    – Relação da vegetação com o clima.
    – O clima dos Polos (comparação com o nosso e entre os dois Polos)
    – Conceito de "clima hostil" (comparação com o clima do deserto)

* Possibilidade do homem de adaptar-se a meios hostis.
* Formas de vida e mudança de costumes.
* Problemas ecológicos no continente gelado: caça, pesca, extrações minerais.
* Experiências nucleares.
* Competição do espaço.
* Solução para os problemas da Antártida: entidades ecológicas e organizações oficiais.
* O que é o ozônio? Perigos que comporta, pesquisas.
* Como, quando e quem descobriu a Antártida?
* A atração dos Polos: o magnetismo e a bússola.
* Papel das pesquisas científicas.

2. Conteúdos procedimentais
* Introduzir-se na utilização da definição não como descrição, mas como explicação.
* Comparação com as situações e com os elementos já conhecidos.
* Elaboração de hipóteses a partir de nova informação.
* Elaboração de hipóteses a partir de situações conhecidas que não respeitam algumas condições (por exemplo, os pinguins).
* Extrair informação de um escrito: o sublinhado, o resumo e os esquemas de trabalho.
* Situações diferenciadas dentro de uma definição.
* Aprender a realizar o caminho do particular para o geral.
* Utilização do mapa de cores.
* Relatividade de situações muito conhecidas por nós, mas que são consideradas diferentes em outros lugares.
* Interpretação de gráficos e de temperaturas.
* Leitura de quadros de dados sobre chuva e temperatura.
* Organização de um texto a partir da negação de um título.
* Relação entre situações (consideradas como causas) e seus efeitos (uma situação tem diferentes efeitos).
* Extrair informação de um vídeo.
* Reconhecer a informação do vídeo em um quadro de dupla entrada.
* Elaborar hipóteses compreensivas.

> **3. Atividades procedimentais para a aprendizagem**
> * Buscar informação, entendê-la e repassá-la ao globo e ao planisfério.
> * Observação e leitura de um mapa do continente da Antártida.
> * Diferenciação de todos os elementos.
> * Debate sobre as diferentes hipóteses.
> * Relacionar o trabalho individual com o trabalho coletivo.
> * Formular perguntas sobre os quadros de dados de temperatura e de chuva.
> * Completar a própria produção a partir das intervenções dos outros.
> * Trabalho individual de sublinhar e trabalho coletivo de elaboração de um quadro de dupla entrada.
> * Fazer anotações como forma de reflexão imediata sobre a informação que se está recebendo.

A avaliação do Projeto

No capítulo sobre a avaliação, foi utilizado como exemplo – e serve de base da sequência que, para realizá-la, se foi introduzindo na escola – o processo de avaliação seguido pela professora de 7º ano neste Projeto. Vamos destacar aqui alguns de seus pormenores.

Uma vez finalizada a realização do Projeto, a professora explicitou dois critérios que, em consonância com o planejamento psicopedagógico que havia tido presente em seu trabalho, devia dirigir o sentido da prova de avaliação:

1. Os conteúdos sobre os quais se avaliam os alunos devem estar relacionados com as estratégias de aprendizagem e com os procedimentos relacionais trabalhados no Projeto. Estes tinham sido, sobretudo:
   • Saber estabelecer relações de comparação a partir das referências de informação trabalhadas em aula.
   • Chegar a estabelecer novas inferências a partir dessas mesmas informações.
2. A realização da prova de avaliação deveria servir como instrumento de autoavaliação para a professora. Para isso, buscava detectar o sentido da aprendizagem realizada pelos alunos, especialmente a partir dos erros cometidos na formulação das respostas à proposta anterior.

PROJETO DE TRABALHO: A ANTÁRTIDA

1. Compare e comente as semelhanças e diferenças entre:
   – O Polo Norte e o Polo Sul.
   – O deserto do Saara e a Antártida.

2. "A Antártida influi na climatologia atual".
   O que aconteceria se a temperatura da Terra aumentasse e os Polos começassem a descongelar?

3. Climas
   Clima mediterrâneo:
   Tarragona: precipitações totais (em mm)

Set.	Out.	Nov.	Dez.	Jan.	Fev.	Mar.	Abr.	Mai.	Jun.	Jul.	Ago.
40	80	130	14	38	21	41	45	6	0,2	20	51

   Total: 486 mm

   Tarragona: temperaturas médias (em graus)

Set.	Out.	Nov.	Dez.	Jan.	Fev.	Mar.	Abr.	Mai.	Jun.	Jul.	Ago.
25	16	12	12	8	8	11	15	17	20	25	27

   Clima equatorial:
   Kribri (Camarão) precipitações totais (em mm)

Set.	Out.	Nov.	Dez.	Jan.	Fev.	Mar.	Abr.	Mai.	Jun.	Jul.	Ago.
650	450	250	110	110	150	250	330	260	250	100	300

   Total: 3.210 mm

   Kribri (Camarão) temperaturas médias (em graus)

Set.	Out.	Nov.	Dez.	Jan.	Fev.	Mar.	Abr.	Mai.	Jun.	Jul.	Ago.
23	24	25	27	25	27	25	25	24	24	22	23

   Compare os climas de Tarragona e Kribri a partir das tabelas de pluviosidade e temperaturas. Deve ser levado em conta:
   – Os meses em que o índice de pluviosidade é mais elevado.
   – As temperaturas máximas e mínimas dos dois climas.
   – A oscilação da temperatura durante o ano.
   – As estações do ano.

4. Imagine que você é um pesquisador e vai viver três meses na Antártida. Explique que pesquisa faria. Que material necessitaria para realizar a pesquisa? Que tipo de roupa e acessórios pessoais levaria?

5. Um país quer construir uma exploração petrolífera na Antártida. Busque argumentos a favor e contra essa proposta. Explique sua posição.

RESPOSTAS DE UM ALUNO À PROVA DE AVALIAÇÃO

1. *Compare:*

POLO NORTE E POLO SUL

Semelhanças:
- Os dois são polos.
- Têm o mesmo clima (frio).
- Estão gelados.
- Os dois são desérticos.

Diferenças:
- O Polo Norte não tem tanta terra como o Sul.
- Um está no Hemisfério Sul, e outro no Norte.
- No Polo Norte tem mais população.
- São feitas mais pesquisas no Polo Sul.

O DESERTO DO SAARA E A ANTÁRTIDA

Semelhanças:
- Os dois são desérticos.
- Há pouca água.
- Muita extensão de terra.
- Pouca população.

Diferenças:
- O deserto do Saara tem um clima muito quente e a Antártida muito frio.
- Um está no Hemisfério Sul, e outro no Norte.
- No deserto há mais vegetação do que na Antártida.

2. *O que aconteceria se a temperatura da Terra aumentasse e começasse a descongelar o gelo dos polos?*
   - Inundaria todo o mundo e as consequências seriam trágicas; todos os animais terrestres morreriam; as aves só poderiam se alimentar de peixe, 50% da vida humana morreria, só sobreviveriam os animais marinhos e os que soubessem nadar; seria o fim do mundo.

3. *Compare os climas de Tarragona e Kribri a partir das tabelas de pluviosidade e temperaturas.*

TEMPERATURAS

Em Tarragona, o mês com temperaturas mais altas foi agosto, com máxima de 27 graus, e o mês com temperaturas mais baixas foi março, com mínima de 11 graus. Em Kribri (Camarão), o mês com temperaturas mais altas foi dezembro (máxima de 27 graus), e com temperaturas mais baixas foi julho (mínima de 22 graus).

> Em Kribri, as temperaturas oscilam de 22 a 27 graus, isso quer dizer que sempre tem a mesma temperatura, inverno e verão. Por outro lado, Tarragona tem de 11 a 27 graus, o que significa que as temperaturas são mais variadas.
>
> **PRECIPITAÇÕES**
>
> As precipitações em Tarragona são de 486 mm por metro quadrado, e, em Kribri, são de 3.210 mm por metro quadrado (total por ano). Isso significa que em Kribri as precipitações são muito mais intensas do que em Tarragona.
>
> 4. Sobre os pinguins, o material que traria seria uma câmara de filmar e alguns filmes, uma televisão, um vídeo, uma câmara fotográfica, uma bússola e alimentos para pinguins. Material para ir para neve. Escova de dentes, pasta de dentes, um espelho, uma tesoura para cortar as unhas e sabonete.
> 5.
>
> **A favor**
>
> Fazer uma exploração petrolífera na Antártida pode dar muitos benefícios para o país.
>
> **Contra**
>
> Fazer uma exploração petrolífera na Antártida pode ser muito ruim porque poderia destruir o ecossistema antártico e poderia matar muitos animais e, se saísse petróleo das explorações, iriam se multiplicando até que a Antártida fosse uma extensão de terra cheia de explorações petrolíferas.
>
> **Minha opinião**
>
> Eu estou de acordo com a opinião "contra".

Exemplo do material utilizado para avaliação na turma de
7º ano do ensino fundamental e das respostas de um aluno.

Sobre esses objetivos se projetou a prova de avaliação que lhes foi aplicada. Uma vez recolhida, a professora apresentou a seguinte informação:

- A lista de erros que os alunos apresentaram em relação ao sentido ou as intenções que haviam sido formuladas para a avaliação.
- A lista dos critérios que havia utilizado para avaliar as contribuições dos alunos, que ela anotava junto à lista de pontuações dos trabalhos de cada estudante, e que foram explicitados com

posterioridade como critérios de correção para realizar a avaliação dos resultados da prova.

Com todo esse material, se procedeu uma análise do conteúdo e posteriormente foram recolhidos em forma de matriz descritiva, tal como se reflete na figura seguinte, para proceder a sua interpretação junto com a professora de forma que se pudesse detectar: a)os níveis de coerência na sequência de avaliação que havia seguido e b) os principais problemas encontrados em relação ao enfoque psicopedagógico do qual se parte nos Projetos.

CARACTERÍSTICAS DOS ERROS	AVALIAÇÕES DOS ALUNOS*	CRITÉRIOS DE AVALIAÇÃO**
Em relação à comparação:	– 10 referências sobre conteúdos + erros	– Erros
– Localização geográfica – Falta de informação – Problemas conceituais	– 7 referências sobre linguagem (morfossintaxe)	– Linguagem
	– 19 sobre procedimentos: **inferências:**	– Elaboração + argumentos
	– 3 sobre aspectos: apresentação, organização e atitudes	– Apresentação
Em relação às respostas:		
– Não utiliza informação trabalhada – Não há argumentos – Não há relação causa-efeito – Resposta incompleta – Problemas de redação – Não levou em conta algum elemento da pergunta		

* Referências de critério, não de quantidade. Esses critérios aparecem em Hernández, Carbonell e Mases (1988a).
** Enunciados gerais. Sua concretização se encontra em Hernández, Carbonell e Mases (1988a).

Relação de critérios expressados pela professora na correção e devolução da avaliação sobre a Antártida.

A partir dessa atividade, se estabeleceram as seguintes derivações, que traziam informação sobre as concepções da professora com respeito ao processo seguido na avaliação do Projeto:

1. Os erros detectados não podem desligar-se do problema do tratamento da informação. Comparar e inferir são as operações cognitivas que exigem por parte do aluno uma "consciência" de todos os elementos que são necessários para resolver os problemas propostos.
2. O aluno, na medida em que se vale da linguagem para solucionar os problemas propostos na avaliação, se depara, em alguns momentos, com a situação de não saber como explicar o que em realidade sabe.
3. As intenções avaliadoras da professora não podem atuar como um item implícito na resolução dos alunos. Esses deverão saber o que se espera deles, e a professora deve explicitá-lo quando se organiza seu estudo.
4. O fato do aluno não detectar o sentido do que se espera de suas contestações pode ser a causa da expressão de sua não compreensão e das respostas inadequadas ou parciais.
5. Na preparação (formulação de intenções), na ação (realização da prova) e na avaliação, se detecta um bom nível de coerência por parte da professora. No entanto, a complexidade da proposta psicopedagógica que se pretendia realizar exige uma sequência de avaliação mais detalhada, bem como conhecer o sentido de aprender e da própria avaliação para os alunos a fim de realizarem comparação com as propostas da professora.

O sentido da avaliação para os alunos e para a professora

Uma das premissas básicas da proposta pedagógica dos Projetos é tratar de situar a relação ensino-aprendizagem da turma partindo de um contexto comunicativo. Isso implica assumir na avaliação que não só se vai levar em consideração o significado das respostas dos alunos, mas também o que está implícito e pode ser interpretado ante os enunciados apresentados pela professora. Tudo isso, além do mais, em conexão com a finalidade das atitudes que na aula contribuíram para favorecer ou não essa relação.

Para realizá-lo, se procedeu a realização de uma confrontação dos resultados obtidos na prova de avaliação com os alunos. Para isso, se partiu de quatro questões que faziam referência a:

1. O sentido da avaliação.
2. O valor da avaliação como parte do processo de aprendizagem.
3. A interpretação sobre o significado principal da avaliação: a percepção sobre o que é uma resposta elaborada.
4. A confrontação com o resultado da avaliação da professora.

Cada um desses aspectos encerra uma reflexão sobre o fundamento das decisões que levaram a sua adoção (pode encontrar-se também em HERNÁNDEZ; CARBONELL; MASES, 1988).

O procedimento utilizado para sua elaboração foi selecionar, com base na lista de aula, sete alunos que foram entrevistados a partir de um questionário semiestruturado. Com o material obtido, se realizou uma ordenação e interpretação mediante a aplicação da técnica da "análise cruzada". Essa tarefa, que a formação inicial ou permanente do professorado não costuma contemplar, nos mostrou, em nossa experiência, que o conhecimento de algumas técnicas como as propostas por Miles e Huberman (1985) ajudam os professores a refletir partindo da prática e facilitam que suas decisões estejam dotadas de uma maior fundamentação.

Na interpretação que se deriva dessa análise, aparecem alguns elementos que revelam as concepções da professora em relação a sua tomada de decisões, em comparação com as contribuições dos alunos, e que serviram para dar como resultado a sequência de avaliação resenhada no capítulo correspondente. Essas concepções podem resumir-se nas seguintes:

1. O sentido da aprendizagem não se produz de forma linear sobre a base das intenções comunicativas da professora. A sequência de aprendizagem, da qual faz parte a avaliação, contém muitas referências implícitas (tanto nos alunos como na professora) para que esta possa ser abordada desde uma causalidade estrita.

2. Os alunos assumem o sentido de apreender como acumulação de informação (conhecimentos), enquanto a professora enfatiza o valor dos procedimentos de inferência e relação. A passagem de um modo a outro de aprender implica um longo caminho que não começa nem acaba no período no qual se realizou o estudo.
3. Assim como ocorria com a definição das concepções da professora ante a sequência de avaliação, tal como ficou refletido anteriormente, a explicação dos critérios e a antecipação das decisões avaliadoras aos alunos favorecem o intercâmbio comunicativo no momento da avaliação.
4. Há uma coincidência entre a formulação e a prática da professora no sentido de detectar os aspectos significativos do processo de ensino-aprendizagem proposto, e, dessa forma, se mantém o critério de avaliação formativa ao longo das duas fases do estudo.
5. O fato de introduzir a reflexão e a análise sobre as crenças e a prática da avaliação modifica uma série de decisões no caminho de um novo processo avaliador. Nesse caso, foram incorporados os seguintes aspectos:

    - É necessário especificar, antes da avaliação, o que se avaliará.
    - No Projeto individual, os critérios de correção deverão ser sobre: organização e apresentação; elaboração e conteúdos; linguagem; caligrafia e bibliografia, de maneira que adquiram maior relevância todos os aspectos que depois se enfatizará nos Projetos de aula.

6. Mas, sobretudo, o processo seguido revela a conexão entre as fases de planejamento, ação e avaliação na tomada de decisões da professora. A coerência entre elas está em estrita relação com a inovação adotada na escola e não pode entender-se à margem dela. Nesse sentido, a avaliação reverte e faz parte do processo geral de ensino-aprendizagem e a organização da aula por Projetos pode facilitar de forma mais precisa essa relação.

8

A título de conclusão

Devemos marcar aqui o ponto final de nosso percurso, sabendo que, como a "vida continua", outros muitos aspectos deveriam também ser assinalados. Apesar disso, fica a sensação de que muitas questões que podem ser suscitadas no leitor não foram colocadas nem receberam resposta. Talvez porque a busca de um equilíbrio entre a explicação e a reflexão sobre a prática tenha que significar forçosamente (e pela novidade da tentativa) o deixar no ar alguns detalhes importantes. Oxalá sirva essa anotação para não perdê-los, ou ao menos assinalar que, ainda que perdidos, ocultos por trás das palavras, também se encontram no texto, na reflexão, na experiência.

Por isso, ainda que tenhamos fixado nosso alvo na preocupação por "ensinar a aprender" como objetivo da escola e do que hoje deva ser a tarefa educativa, não pretendemos escamotear quanto de cultural, pessoal e idiossincrásico há sob o olhar dos alunos e os afetos dos educadores.

Apesar de nossa insistência no quão importante são os processos (de ensino-aprendizagem, de comunicação e de intercâmbio...), também nos preocupam os resultados. Mas não utilizando a medida como norma, e sim a reflexão como pauta: os alunos aprendem aquilo que lhes queremos ensinar? E o professor, o que aprendeu? São perguntas que nos fazem indagar a realidade, buscar novos problemas e, como apontava uma professora, "necessitar de nosso próprio desequilíbrio para continuar progredindo em nosso próprio conhecimento".

Utilizamos com abundância uma terminologia devedora da tendência cognitiva hoje dominante na psicologia da educação, mas sem cair na armadilha de acreditar que nela se encontra "a resposta" ou que se possa "denominar" e explicar tudo o que se passa numa sala de aula. Fica sempre a sensação do "isso mesmo!", ou o tom de mistério que nos leva a aceitar como natural o fato de que não haja respostas para tudo, e que um olhar simplificador não pode refletir, se não como metáfora, o que é, de *per se*, complexo. Sobretudo porque sabemos que a escola é uma parte escassa, reduzida, ainda que importante, da experiência de aprender dos alunos e que há outros lugares e momentos em que seu "crescimento" se produz. Por isso, os termos utilizados nos ajudam a organizar a realidade, mas sabemos que não a definem nem a explicam em sua totalidade.

Também temos presente que o jogo das palavras não pode escamotear seus significados, e que a escola é sobretudo um lugar onde as coisas, os fatos e as pessoas adotam múltiplos significados. Ao sabê-los discernir, não preparam as teorias psicológicas ou pedagógicas, e sim a atitude ética e crítica daqueles que fazem de transmissores de "segredos ocultos" na ideologia, na cultura, as mentalidades que eles e elas desconhecem muitas vezes.

Assim, pois, somos conscientes de ter escrito um texto que, como nos indicava uma das professoras da escola, "não se pode ler nem no metro, nem antes de ir dormir". A razão disso, em boa parte, é porque em sua construção fomos "vítimas" do caminho escolhido para o processo de escrita, pois seguimos um trajeto de interações que nos remetiam de maneira constante aos sinais apontados pela memória dos professores e seu contraste com a narração que íamos gostando. Eles nos sugeriram retificações e nos ajudaram a matizar, esclarecer e confirmar que a intenção pretendida ia recebendo seu reflexo na escrita. De certa forma, fizeram seu o texto na medida em que nós o íamos tornando nosso. "Agora, depois de lê-lo e vê-lo refletido, entendi o sentido da palavra globalização que estou trabalhando com a turma", "a sequência do projeto tem saltos e não sei se um leitor poderá captar o que se fez".

Depois dessas pontualizações, somos conscientes de que falar de nós mesmos, o que buscamos, é compartilhá-lo com outros educadores. Sabendo que o sentido de compartilhar é, sobretudo, colocar em comum. Mas sem oferecê-lo como uma receita ou como exemplo a seguir; simplesmente como uma sugestão da qual partir para que cada um, cada uma, em seu centro e em seu grupo de trabalho, contrastando e organizando suas próprias decisões. Só assim poderão ser escritas novas histórias a partir de seus protagonistas e se potenciará o desejo que manifestávamos ao início destas páginas: "Serão os professores que, em definitivo, mudarão o mundo da escola, entendendo-a".

ANEXOS

1. Algumas características para definir a Escola Pompeu Fabra
2. Os objetivos finais da Escola Pompeu Fabra
3. Os Projetos vistos por seus protagonistas

1
Algumas características para definir a Escola Pompeu Fabra

Uma nota histórica sobre a escola

As origens da escola datam de 1955, ano em que se constituiu o bairro de "Congrés" (com origem no Congresso Eucarístico) e se criou uma creche assistencial. No início da década de 1960, foi assessorada por Alexandre Gali e dirigida por Pepita Durán, que deram um caráter educativo ao Centro com a introdução das metodologias de Montessori e de Decroly. No ano de 1968, recebeu o nome de "Escola Pompeu Fabra", e, no ano de 1970, se constituiu a Cooperativa de pais que regeria a escola, e, a partir daquele momento, incrementaram-se os cursos até formar toda a Educação Básica.

Desde o início, a escola estabeleceu sua aspiração de chegar a ser uma escola pública e assim se manteve vinculada e participou nas sucessivas "Escoles d'Estiu" em "Coordenação Escolar" e na "Unió Territorial de Cooperatives d'Ensenyament", organismos vinculados inicialmente à associação "Rosa Sensat" e que impulsionaram a criação do coletivo do CEPEPC.* A Escola Pompeu Fabra foi membro fundador de tal associação que agrupava todas as escolas de caráter cooperativo que propunham sua transformação em escolas públicas.

---
* CEPEPC: Collectiu d'Escoles per a l'Escola Pública Catalana. Coletivo de escolas que, nascidas como cooperativas de pais e mestres, aspiravam a ser escolas públicas. Uma vez transferidas as competências educativas ao Governo da Catalunya e depois de árduas negociações, a maioria dos centros dessa organização se transformou em centros públicos.

O processo de incorporação dessas escolas à rede pública durou de 1981 até 1988, quando oficialmente passou a ser colégio público segundo Ordem de 27 de setembro de 1988, com uma composição de 8 unidades mistas de educação básica, 2 unidades de educação infantil e uma direção com função docente.

A Escola "Pompeu Fabra" deixou de ser, pois, uma cooperativa de pais passando a ser uma escola pública para todos os efeitos, igual aos demais centros pertencentes ao CEPEPC. Essa transformação se produziu simultaneamente ao desenvolvimento da inovação em torno dos Projetos de trabalho e significou um esforço importante de gestão tanto do professorado – sobretudo da equipe de direção – como das famílias para conduzir um processo longo e complexo que implicou um alto nível de dedicação.

De toda maneira, deve-se convir que a conversão em escola pública significou, para o professorado, amoldar-se a uma estrutura de padrão diferente, mais limitada do que a que possuía. Uma modificação importante do ponto de vista organizativo foi a redução de uma hora diária no horário letivo. Isso significou realizar um ajuste temporal que afetou as diferentes áreas e atividades e, por conseguinte, também os Projetos. Não obstante, essas mudanças institucionais que implicam novas formas organizativas incidem nos Projetos na medida em que afetam a todos os aspectos da vida da escola, mas não freiam o desenvolvimento da inovação.

OS RECURSOS HUMANOS DA ESCOLA

Na atualidade, o centro conta com 300 alunos e alunas, 10 unidades e um quadro de funcionários de 14 educadores aos quais se deve acrescentar o especialista de música, os monitores para atividades extraescolares financiadas pela associação de pais e o pessoal não docente dependente da Junta.

O quadro de funcionários se manteve estável, o que constitui um fator quase imprescindível para planejar e desenvolver uma inovação educativa. Alguns dos professores estiveram vinculados a grupos de renovação pedagógica, participaram de cursos em escolas de verão, e, nos últimos anos, fizeram parte do Projeto de experimentação de reforma do ensino fundamental (anos finais) da Região da Catalunya.

A atenção psicopedagógica no centro

A atenção psicopedagógica foi coberta, durante os últimos anos, pela atuação de uma professora de educação especial, mas mudando em profundidade o modelo de intervenção habitual na escola pública. Não se trabalhou com os alunos com necessidades especiais de forma particular e fora da sala de aula (a escola é também de integração), e sim se buscou planejar, junto a cada docente, uma situação que fizesse cada indivíduo poder desenvolver suas possibilidades pessoais de aprendizagem.

As características pessoais e profissionais de quem exerceu essa função desde antes do início do trabalho sobre o desenvolvimento do currículo na escola, o papel específico como psicóloga e, portanto, sem uma classe em seu encargo, sua presença permanente e seu envolvimento no centro, assim como sua vinculação à equipe docente desde suas primeiras etapas, lhe permitiu realizar um trabalho de acompanhamento e de assentamento dos aspectos trabalhados ou discutidos na inovação curricular que o centro realizou.

Essa forma de intervenção psicopedagógica nas aulas se tornou patente quando a psicóloga contribuiu para o desenvolvimento de um enfoque construtivista sobre a aprendizagem da língua escrita nos anos iniciais do ensino fundamental. Essa proposta psicolinguística da aprendizagem da língua toma como ponto de partida para seu desenvolvimento as construções espontâneas e cotidianas dos alunos. Sobre elas, o professorado realiza uma interpretação diagnostica que dá ênfase no que os alunos possuem e adquiriram culturalmente. Esses conhecimentos são o ponto de partida para ir projetando situações de aprendizagem e propondo recursos, de acordo com cada circunstância, baseados no fomento das necessidades comunicativas dos alunos. Através desse enfoque, o docente vai estruturando o processo de aprendizagem da língua escrita das crianças de sua turma; tudo isso faz com que vão construindo, a partir de suas próprias referências e em interação com a turma de aula, seu próprio processo psicolinguístico. Esse enfoque de aprendizagem da língua escrita, que não se baseia num método ou em algumas técnicas didáticas pré-fixadas, implicou uma tarefa de colaboração interpretativa sobre a atividade e as produções dos alunos, o que fez o trabalho da psicóloga e dos professores começar a construir-se a partir do que a criança possuía, e não sobre suas carências ou déficit na aprendizagem. Essa bagagem prévia na forma de trabalho de algumas professoras da escola facilitou em grande parte a tarefa posterior de inovação curricular do centro.

A organização do trabalho pedagógico na escola

O organograma que se apresenta a seguir é um reflexo da distribuição do trabalho pedagógico no centro, que, dadas as suas dimensões, permite que todos os professores se vejam envolvidos nele.

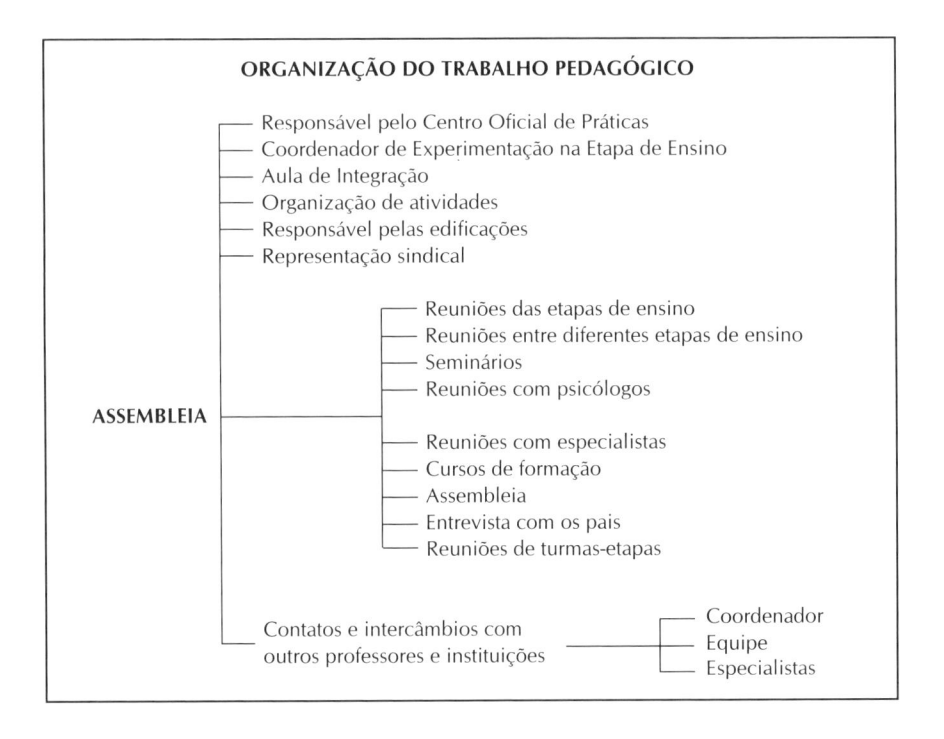

```
                    ORGANIZAÇÃO DO TRABALHO PEDAGÓGICO

                    ┌── Responsável pelo Centro Oficial de Práticas
                    ├── Coordenador de Experimentação na Etapa de Ensino
                    ├── Aula de Integração
                    ├── Organização de atividades
                    ├── Responsável pelas edificações
                    └── Representação sindical

                         ┌── Reuniões das etapas de ensino
                         ├── Reuniões entre diferentes etapas de ensino
                         ├── Seminários
                         ├── Reuniões com psicólogos
    ASSEMBLEIA ─────────┤
                         ├── Reuniões com especialistas
                         ├── Cursos de formação
                         ├── Assembleia
                         ├── Entrevista com os pais
                         └── Reuniões de turmas-etapas

                                                        ┌── Coordenador
                    Contatos e intercâmbios com ────────┤── Equipe
                    outros professores e instituições    └── Especialistas
```

OS RECURSOS MATERIAIS DA ESCOLA

Quanto aos recursos materiais, partindo da perspectiva de organização geral do centro, deve ser destacada a dificuldade adicional que significa para toda a atividade escolar a dispersão da escola em cinco edificações diferentes que se organizam da seguinte maneira: um edifício de dois pisos construído para escola, mais três construções térreas, a princípio destinadas a pontos comerciais, e um módulo localizado no meio de um jardim vizinho. Tudo isso, e de acordo com a distribuição que se segue, forma a estrutura física da escola, o que não configura exatamente condições de qualidade ambiental ideais para realizar uma tarefa docente.

PRÉDIO	TURMAS	SERVIÇOS
1.	Nível A e Nível B da educação infantil	Cozinha Pátio
2.	1º, 2º, 3º, 4º e 5º anos do ensino fundamental	Direção Secretaria Pátio
3.	6ª e 7ª anos do ensino fundamental	Sala de Recursos Laboratório Pátio
4.	8ª e 9ª anos do ensino fundamental	Sala de Informática Audiovisuais
5.	Não há salas de aula	Sala de Tecnologia Sala de usos múltiplos Pátio

Essa estruturação espacial (faz tempo que se reclama a construção de um novo centro escolar) significa uma dificuldade a mais na hora da utilização dos diferentes recursos que os alunos possam necessitar. Especialmente no que se refere à Sala de Recursos, que, a partir da elaboração dos Projetos, adquire um importante papel ao converter-se numa referência indispensável para a busca de informação, tanto para os alunos como para os professores.

Tal como se contempla no Planejamento Educativo do Centro, a Sala de Recursos é uma "ferramenta fundamental para o trabalho pedagógico do centro, dada a necessidade de diferentes materiais na ausência do livro-texto por matéria". Nessa sala, podem ser encontrados materiais como livros-texto, de consulta, de leitura, mapas, gráficos, dossiê, diapositivos e fotografias, *posters*, cassetes, uma videoteca criada pelo próprio centro, hemeroteca, um computador, uma televisão, uma máquina de escrever, etc. Tanto os alunos dos anos iniciais como os dos anos finais do ensino fundamental, ainda que esses em menor parte, porque utilizam mais facilmente os recursos familiares e do entorno próximo (bibliotecas, etc.), utilizam mais frequentemente a Sala de Recursos desde que se realizam os Projetos de trabalho.

ASPECTOS QUE MARCAM E DEFINEM O PROJETO EDUCATIVO DO CENTRO (PEC)

Se a localização, a caracterização do professorado, a orientação geral de sua maneira de trabalhar já é uma primeira mostra de singularidade, além disso, ano após ano, a escola foi apresentando às novas famílias toda uma declaração de intenções que configura as bases do Projeto do Centro.

Princípios ideológicos de atuação

Em seu Projeto Curricular Institucional, a escola se define como pluralista, coeducadora e de gestão democrática. Como um centro de integração, a partir de uma perspectiva de educação para a diversidade. Pretende manter-se atualizada com respeito às mudanças culturais e adaptar a elas o planejamento curricular do centro. A escola manifesta que sua atuação tem como finalidade promover o crescimento dos alunos mediante a assimilação e a aprendizagem da experiência culturalmente organizada.

A escola pretende fundamentar sua atuação no respeito ao pluralismo ideológico dos indivíduos. Mas a aceitação da diversidade de opiniões não significa assumir uma postura de absoluta neutralidade. Uma atitude de análise e apoio às posturas e circunstâncias que considerem uma visão progressista da realidade pretende ser a constante que vá reger as avaliações educativas.

A escola se define como laica, o que implica favorecer a opção da Ética frente à da Religião, não considerando aquela como uma disciplina, e sim como uma forma de convivência, de participação que se apresenta e trabalha na cotidianidade e na forma de abordar o ensino e a aprendizagem na escola.

As tradições religiosas (o Natal, o Dia de Reis) se apresentam na escola como uma forma cultural, das quais se destaca seu valor simbólico, explicativo de formas de vida ou crenças das pessoas.

Na escola, se pretende valorizar nos alunos a autonomia pessoal, o senso crítico, os valores laicos e éticos, assim como o senso da democracia e da participação. A gestão pedagógica pretende ser facilitadora da atividade docente. Define-se como centro de renovação e inovação educativa permanente e organiza seu trabalho pedagógico em relação a diferentes formas e estratégias pedagógicas como, por exemplo, os Projetos de trabalho (inovação objeto deste livro), os Espaços de Aprendizagem Diversificada (EDAD) ou os "Cantos" na educação infantil e anos iniciais do ensino fundamental, o Plano Indivi-dual de trabalho e as Oficinas.

A escola introduziu a informática, e mais concretamente a linguagem. Logo, no currículo escolar, as possibilidades do tratamento de textos e algumas aplicações da robótica para o estabelecimento e resolução de problemas.

No agrupamento de níveis por etapas, é importante assinalar que, desde o início do processo de inovação dos Projetos de trabalho, o 7º ano faz parte da Etapa Média e não da Superior do ensino fundamental, o que possibilitou uma continuidade da inovação além das primeiras etapas do sistema de ensino.

A escola é um centro de integração, na perspectiva de uma educação para a diversidade

O trabalho com os alunos que têm necessidades especiais ou apresentam dificuldades intelectuais ou de personalidade acontece a partir do trabalho conjunto entre a psicóloga e cada docente responsável.

De forma progressiva, e a partir da inovação educativa realizada no centro, o planejamento curricular se estabelece a partir do ponto de vista de que todas as crianças são especiais, o que implica assumir como meta de trabalho o desenvolvimento de uma educação que valoriza a diversidade dos alunos e, paralelamente, o respeito mútuo.

Isso significa também que se pretende realizar um sentido individualizado da aprendizagem, na qual a máxima de respeitar o ritmo de cada um não serve de freio, e sim de referência compartilhada pelo grupo para alcançar os objetivos finais estabelecidos em cada turma.[*]

---

[*] A Escola realizou um estudo sobre as concepções e a prática do professorado em torno da diversidade (DE MOLINA, 1990) e, atualmente, está realizando uma pesquisa que tenta detectar as formas de diferenciação entre meninos e meninas que se utilizam nos contextos de aula (MASES et al., 1990).

A escola pretende manter-se atualizada em relação às mudanças culturais

Seguir esse princípio significou ampliar a visão pedagógica que trata de vincular as aprendizagens com o entorno físico, social e cultural próximo dos alunos. Essa superação implicou abrir-se a todo tipo de informação e temáticas, fomentar o ensino dos procedimentos, reconhecer que a escola só é capaz de cobrir uma parte das necessidades dos estudantes e assumir que são eles que irão dotando de recursos para intervir numa realidade complexa e mutante. O entorno, numa sociedade na qual a informação circula por múltiplos canais e de uma forma quase imediata e a qual a maioria das pessoas tem acesso, restabelece o caráter do que pode ser considerado como "o próximo" aos alunos. Na atualidade, o procedimento indutivo que se vem utilizando para construir o conhecimento escolar sobre o entorno, que parte da localidade e prossegue com o estudo de sua Autonomia, para continuar com o Estado espanhol, Europa, etc., parece limitante com relação à ideia da "aldeia global" que a humanidade começou a desenvolver no final do século XX. O exemplo do interesse suscitado nos alunos pelo conflito do Golfo e seu entorno geográfico e cultural, ou a própria experiência dos temas tratados no desenvolvimento dos Projetos de trabalho (a Antártida, os desertos, a selva, o espaço, a origem do planeta Terra, etc.) apoiam também essa consideração. Esses são alguns exemplos de como se foi readaptando o sentido de entorno dentro do projeto curricular que atualmente se assume na escola.

Como aspectos específicos dessa adaptação, vale a pena destacar que boa parte da informação que se aborda nas aprendizagens escolares provém dos meios de comunicação: a utilização da informática como prática habitual na escola, com o uso da linguagem logo desde o Nível B da educação infantil e do processador de texto desde que os alunos dominam a escrita, e a aprendizagem da língua inglesa desde o 5º ano do ensino fundamental como recurso de intercâmbio e comunicação dominante no mundo contemporâneo.

O projeto linguístico da escola

Para o centro, a língua é, sobretudo, um instrumento que permite o conhecimento e a interpretação da realidade. Por isso, se realiza a aprendizagem em língua catalã. O domínio das línguas castelhana e inglesa são objetivos que se pretende cobrir no projeto do centro. Por essa razão, a língua castelhana escrita se introduz no 3º ano do ensino fundamental e, como já indicamos, a língua inglesa oral, no 5º.

O papel das atividades complementares, as festas e as saídas

Consideram-se essas atividades como componentes necessários da atuação educativa na medida em que possibilitam algumas melhores condições para a aprendizagem e a convivência dos indivíduos. As visitas complementares que se realizam para contrastar informação em torno de alguns dos Projetos de trabalho (ao zoológico, a diferentes museus) e os acampamentos (como lugar destinado a aprofundar as relações dos alunos e a prática desportiva em atividades de vela, bicicleta) que cada nível realiza durante o último trimestre do curso são alguns exemplos.

A relação entre as famílias e o professorado

Ambos segmentos se consideram componentes essenciais da formação educativa dos alunos. Isso favorece os contatos entre ambos, que se concretizam, pelo menos, em reuniões de etapas por curso escolar, em entrevistas individuais periódicas e no intercâmbio a partir dos informes avaliativos que se realizam em dois momentos do ano acadêmico.

A gestão pedagógica do centro pretende ser democrática e facilitadora da atividade docente

A gestão da Escola se realiza a partir do trabalho dos coordenadores das etapas, de estudos e do coordenador geral. A assembleia é o organismo em que se trabalham as questões que afetam o funcionamento da Escola.

Também fazem parte da gestão pedagógica do centro o Departamento de Psicopedagogia, os especialistas e auxiliares e a professora encarregada dos recursos do centro. Durante quatro anos letivos, as questões psicopedagógicas foram propostas e debatidas num seminário permanente de inovação educativa em que participou todo o professorado do centro e para cuja realização se contou com a colaboração do ICE da Universidade de Barcelona.

A escola se define como centro de renovação e inovação educativa permanente

A Escola participou da experiência da reforma dos anos finais do ensino fundamental. Além disso, é centro de formação inicial de professorado como escola de práticas da Universidade Autónoma de Barcelona. Por outro lado, alguns professores participam de grupos de formação permanente do professorado e colaboram na formação de outros docentes a partir da própria experiência de desenvolvimento do currículo que estão realizando.

A experiência, que se foi configurando durante os últimos seis anos letivos na escola, consistiu-se da definição e colocação em prática de uma inovação educativa centrada na explicitação dos componentes psicopedagógicos de seu planejamento curricular e dos objetivos finais de nível e de centro que se realizam mediante diferentes propostas didáticas. Uma delas é a organização dos conhecimentos escolares por Projetos de trabalho.

2

Os objetivos finais da Escola Pompeu Fabra

O que aqui se apresenta é a organização e reformulação das contribuições dos professores nas reuniões por Etapas a partir do mês de janeiro de 1987. Essa iniciativa surgiu da necessidade de se ter um ponto de partida para organizar o que se estava fazendo nas salas de aula, o que se pretendia ensinar e o que podia facilitar a evolução dos princípios educativos e dos conteúdos de ensino na escola. Também se realizou para poder "encontrar lacunas" nos conteúdos e para estabelecer uma melhor relação entre as diferentes etapas da escola. Esse trabalho foi um ponto de partida, o início de uma série de fases para a elaboração dos objetivos finais, que se sintetizam a seguir:

Fase 1. Elaborar a lista por etapas de Ensino (1987).
Fase 2. Comparar as etapas e compartilhar-esclarecer subentendidos (1988).
Fase 3. Fazer a lista dos objetivos finais da escola (1989).
Fase 4. Explicitar os conteúdos por matérias curriculares (1990-91).
Fase 5. Explicitar os conteúdos de matérias por níveis (1991-92).

OBJETIVOS FINAIS DOS ANOS INICIAIS DO ENSINO FUNDAMENTAL

Em relação à aprendizagem da língua escrita e ao uso da linguagem oral

1. O objetivo geral nessa área é que os alunos adquiram o sentido funcional (como instrumento) da linguagem sobre a base de seu domínio expressivo (*per se*), comunicativo (intercâmbio) e prático.
2. Conscientização de que se progrediu na aprendizagem e no conhecimento dos elementos comunicativos que têm a sua disposição (extensivo a todas as etapas).
3. Tomar consciência e saber utilizar diferentes modalidades de linguagem, especialmente as que respondam às necessidades emotivas (o que sentimos), sensitivas (o que pensamos) e descritivas (o que e como são as coisas).
4. Reconhecer e identificar o vocabulário pertinente nos diferentes temas e projetos trabalhados.
5. Iniciar-se na explicação do sentido dos subentendidos que rodeiam o uso oral subjetivo da linguagem.
6. Iniciar um processo de culturização de sua linguagem, que tome distância dos tiques onomatopaicos.
7. Chegar a uma estrutura de frase ou de discurso com a consciência de poder explicitar os diferentes elementos que a compõem.
8. Iniciar-se no processo de transição no uso ortográfico da língua escrita, indo do pessoal ao coletivo.
9. Introduzir-se numa normativa da correção como procedimento reflexivo do uso ortográfico da língua.
10. Conhecer a diferença entre os sons dos fonemas próximos e seu correspondente uso escrito.
11. Estabelecer o início da normativa dessa diferenciação no contexto da palavra.

Em relação à linguagem oral comunicativa

12. Chegar à explicitação de todos os elementos de um discurso, detectando o sentido dos subentendidos.
13. Refletir sobre os fatores que incidem no conteúdo comunicativo do discurso: estruturação da frase, distinção fonética, conteúdo da expressão, vocabulário, etc.

14. Exercitar o uso da ironia e os duplos sentidos para conhecer seu uso.
15. Alcançar uma leitura vocalizada e entoada, na qual se enfatizam o ritmo e as mudanças de vozes nos diálogos.
16. Ter elementos para a avaliação da própria qualidade leitora.
17. Assumir a leitura em silêncio como atitude de trabalho pessoal.
18. Iniciar-se na conscientização de que, no diálogo, não se deve produzir repetições e que se deve incorporar o discurso do interlocutor em relação ao próprio.
19. Poder acompanhar o sentido geral de uma conversação pública dentro do tema que se está trabalhando.
20. Poder mostrar um sentido explicativo dos fatos que vá além das frases convencionais: porque eu gosto, me parecem bem ou mal, sim, não...
21. Incorporar a capacitação do discurso vinculada a imagens além do mero episódio.
22. Saber definir o vocabulário em torno da leitura e da própria expressão.
23. Iniciar-se no sentido e valor dos sinônimos e antônimos.
24. Ter um sentido de normalização da compreensão, do uso e da expressão da segunda língua.
25. Poder realizar a análise funcional das diferentes partes de uma frase: nomes, ações, complementos, e iniciá-los em sua denominação gramatical.
26. Chegar a responsabilizar o grupo por acompanhar a qualidade do discurso dos companheiros sem a intervenção do adulto.
27. Iniciar-se na distinção dos diferentes tipos de discurso que se empregam dentro da sala de aula: dos Projetos, das experiências, das histórias, das poesias...
28. Poder expressar as opiniões e as sensações sobre os fatos vividos ou trabalhados.

Em relação à Matemática

Em relação ao número

29. Assumir o valor do número como forma de conhecimento e organização da realidade, não como mera representação.
30. Situar as referências numéricas no marco compreensivo do sistema decimal (até a dezena nessa etapa).

Em relação às operações

31. Ter o hábito de análise frente ao enunciado dos problemas, para tornar compreensivo seu desenvolvimento.
32. Assumir os conceitos e as estruturas que tornam compreensíveis as operações matemáticas de soma, de subtração e de multiplicação.
33. Dominar a instrumentalização e a aplicação funcional dessas operações.
34. Compreender o sentido de ordem e de denominação que se encerra no domínio dessas operações.

Em relação ao planejamento e resolução de problemas

35. Saber distinguir, de uma forma compreensiva, as partes de um problema: o enunciado, as operações que são necessárias para sua resolução e o valor do resultado.
36. Assumir o sentido de operação como forma de relação entre perguntas presentes num enunciado, do qual se deve entender o conteúdo.

Em relação às medidas

37. Assumir a arbitrariedade das medidas em função do sistema que se utilize.
38. Conhecer diferentes tipos de sistemas de medida e saber aplicá-los em situações de problema: comprimento, peso e capacidade.
39. Saber o sentido das medidas, sua funcionalidade e sua convencionalidade.

Em relação à Geometria

40. Reconhecer a diferença entre a dimensionalidade dos volumes (três dimensões) e das superfícies (duas dimensões).
41. Identificar a diferenciação das figuras geométricas planas e detectar suas correspondências na realidade.
42. Identificar as diferenças entre ponto, linha (diferentes tipos), plano (diferentes tipos) ... em situações de realidade.
43. Assumir o sentido da geometria como a especialidade que identifica e explica o comportamento dos diferentes corpos no espaço.

Em relação à Topologia

44. Saber reconhecer e modificar o ponto de vista de uma representação desenhada.
45. Saber realizar e identificar elementos de guia num plano e num mapa.
46. Aplicar, em sistemas de representação, a noção de chaves de identificação.

Em relação aos Projetos de trabalho e os "Cantos"

Na turma de 4 anos

47. Reconhecer e utilizar um pré-indice como forma de organizar a aproximação à realidade.
48. Iniciar-se no vocabulário culto/científico sobre a atribuição de objetos e fatos.
49. Aprender a diferenciar entre níveis de conhecimento: o da fantasia e o da realidade.
50. Detectar a distinção fundamental entre o que conhecem e o que não sabem, como atitude de motivação pelo conhecimento.
51. *Assumir como estrutura geral do curso o saber efetuar o agrupamento e a realização de denominações, por atributos e por critérios de funcionalidade: o que é e como se define?*
52. Iniciar-se na autonomia denominativa e de escolha a partir dos "Cantos".

Na turma de 5 anos

53. Introduzir-se no sentido funcional da classificação de objetos e atributos.
54. Saber realizar a análise das partes de um objeto ou de um processo em relação com sua definição ou funcionalidade geral.
55. Fazer classificações e ordenações com critério categorial de inclusão ou de relações externas e não meramente atributivo.
56. Adquirir como usual na sala de aula a incorporação de novo vocabulário que amplie as denominações coloquiais.
57. Assumir a prática da reflexão sobre as transformações dos objetos como guia de observação dos processos que se produzem na realidade.

58. Assumir a prática da descrição, da análise e da observação como procedimentos básicos de trabalho em aula.
59. *A estrutura geral do curso é a apresentação e conscientização das diferentes formas de apreender a realidade: para que serve ou para que se utiliza?* (é necessário especificar).

Na turma de 6 anos

60. Desenvolver, como esquema de trabalho básico da sala de aula, o que deriva do estabelecimento de hipóteses, de sua comprovação e sua extensão a realidades diferentes da estudada.
61. *A estrutura do curso se articula em torno do sentido das transformações que agem nos objetos, fatos e processos: por que acontecem?*
62. Desenvolver uma visão científica que classifique, ordene e reflita sobre a realidade que se estuda.
63. Utilizar o índice como ponto de partida estável para organizar a informação, e para seguir a própria avaliação do que se está trabalhando.
64. Aprender a estabelecer uma diferença entre o que se sabe ou reconhece e o que é novo a partir da informação abordada.
65. Saber posicionar-se frente às atividades da classe desde o marco de tomada de decisões, mas em relação com sua utilidade e a situação de cada atividade.

Na turma de 7 anos (e podem ser tomados como objetivos finais deste tópico)

66. A estrutura básica do curso é a de saber estabelecer relações entre os fatos ou informações estudadas. Relações causais, funcionais ou intuitivas.
67. Introduzir-se no planejamento do trabalho individual ou o diário como forma de acompanhar e sistematizar as atividades de aula.
68. Saber localizar-se no índice de trabalho como forma habitual de abordar a informação.
69. Proceder, como forma de sistematização da realidade, do particular ao geral na hora de estabelecer critérios de classificação.
70. Considerar a realidade (o mundo) como um todo a classificar, a partir de critérios científicos, agrupamentos atributários funcionais, intersecções...
71. Tratar de detectar a explicação dos fatos (mediante suas relações) como resultado final de uma organização de informação.

72. Saber introduzir-se na utilização de diferentes fontes de informação (livros, textos, fotocópias, vídeos, conferências. visitas, etc.) e nos procedimentos que permitam sua organização.
73. Saber utilizar a colocação em comum e o debate em sala de aula, a partir de diferentes procedimentos: leitura dos alunos, comentário de textos, sublinhados, comparações.

Em relação às atitudes (do educador e dos alunos) nos anos iniciais do ensino fundamental

74. Colocar os indivíduos em situação de paradoxo (de diferentes tipos) é um dos aspectos-chave do diálogo pedagógico na sala de aula.
75. Praticar e ter autonomia nas diferentes formas de situar-se e utilizar o papel como forma de expressão dos conhecimentos.
76. Aprender a solicitar a palavra para participar em sala de aula e a falar em voz baixa.
77. Adquirir o senso da distribuição das diferentes atividades em relação ao seu tempo de localização.
78. Iniciar-se na reflexão sobre a consciência de aprender e sua vinculação com a localização temporal (o que sabemos agora e antes não) como conscientização sobre a evolução no aprender.
79. Saber reconhecer o sentido de área de conhecimento, disciplina ou linguagem, dentro de um projeto, dos "Cantos" ou das diferentes atividades.
80. Adquirir o sentido de escolha (nos "Cantos", nos projetos) como uma forma de iniciar-se na autonomia e no desenvolvimento de seus próprios interesses.
81. Aprender a trabalhar com pautas coletivas.
82. Aprender a trabalhar com uma exigência formal de apresentação (não vale tudo).
83. Saber controlar-se, ter paciência na hora de participar de discussões.
84. Saber situar-se num projeto num calendário formal.
85. Aprender a trabalhar em pequenos grupos.
86. Assumir uma organização autônoma e pessoal no trabalho.
87. Saber introduzir aspectos novos a partir das relações que se derivam da informação.
88. Saber antecipar o que se pode aprender a partir de uma atividade.

89. Aprender a utilizar os materiais de vídeo como fonte de informação e de conhecimento, além do mero entretenimento televisivo.

Questões pendentes de discussão e elaboração

(Anos iniciais do ensino fundamental). Muitos dos objetivos em relação à língua são atitudinais e não se especifica neles como podem ser realizados. Aprofundar-se em como abordar as diferenças entre os indivíduos da turma.

Destacar, em forma de observações ou pesquisas pontuais, a relação entre o que se ensina e o que eles aprendem. Aprofundar-se sobre a diferença entre o que se faz e o que se aprende na sala de aula, ou como observá-lo e avaliá-lo. Refletir sobre a distinção entre as atividades e os conhecimentos que derivam dos alunos, os que o professor transforma e os que vai apresentar como novos. Aprofundar-se no como se avalia a relação entre o ensinado e o aprendido; entre a ação da turma e o progresso dos alunos.

OBJETIVOS FINAIS DOS 6º E 7º ANOS DO ENSINO FUNDAMENTAL

Há dois objetivos principais nesse ciclo:
1. Assumir o sentido funcional das diferentes linguagens, sempre em relação a seu uso contextuai.
2. Desenvolver um senso de compreensão reconstrutiva ante a informação, que permita ordená-la, avaliá-la e inferir novos sentidos, significados e referências, a partir dos fatos e informações que se trabalham em aula.

Em relação à Linguagem

Em relação à ortografia

3. Assumir o uso correto da escrita em língua catalã (sem erros de ortografia).
4. Assumir o uso correto dos sinais de pontuação nas línguas catalã e castelhana.
5. Assumir o uso normal da escrita em castelhano.

6. Assumir os aspectos de sintaxe relativos a concordância, gênero, tempo, número e pessoa nas línguas catalã e castelhana.
7. Assumir um senso reflexivo que permita avaliar a qualidade do expressado mediante a linguagem escrita.

Em relação à análise da linguagem

8. Assumir o reconhecimento e o uso dos elementos gramaticais do discurso, especialmente os referentes a: artigo, nome, verbo, pronomes, advérbios com sua correspondente variedade denominativa.
9. Iniciar-se na criação e no uso de sinônimos e antônimos.
10. Iniciar-se no reconhecimento do sentido diferencial do uso das partículas gramaticais.
11. Reconhecer o uso comparativo dos elementos gramaticais do discurso nas línguas catalã, castelhana e inglesa.

Em relação ao sentido comunicativo da linguagem

12. Adquirir um domínio da descrição dos fatos.
13. Assumir um senso de elaboração da língua (oral e escrita) com um caráter de organização interna que a torne compreensível.
14. Saber distinguir a diferença de uso contextual da expressão oral e escrita.
15. Saber fazer uma distinção de uso das diferentes pessoas gramaticais dentro de um texto.
16. Saber diferenciar, com caráter de antecipação, as estruturas narrativas que distinguem: uma história, uma notícia, uma poesia, um ensaio e uma carta.
17. Saber fazer uma distinção e um enquadramento de textos em gêneros literários, com especial ênfase na detenção de: o realista, o fantástico, os protagonistas, a ficção científica, a fábula.
18. Dominar com precisão as intenções comunicativas e saber fazer a análise relacional na expressão oral de fatos cotidianos e acadêmicos.
19. Controlar e tornar conscientes os próprios vícios na expressão oral.
20. Assumir e avaliar a coerência das exposições orais das intenções enunciadas e dos conteúdos expressados.

Em relação à Matemática

Em relação às operações matemáticas

21. Conhecer o sentido e dominar o uso funcional das quatro operações matemáticas básicas.
22. Conhecer o sentido e dominar o uso funcional das frações.
23. Conhecer o sentido e dominar o uso funcional das potências.
24. Dominar o uso funcional das raízes quadrada e cúbica.

Em relação ao planejamento e resolução de problemas

25. Resolver situações enunciativas com critério de antecipação.
26. Saber estabelecer enunciados de problemas a partir de dados e/ou de situações paradoxais.
27. Poder estabelecer o sentido compreensivo dos enunciados de um problema com operações combinadas.

Em relação às medidas

28. Dominar o uso e a aplicação, em situações problemáticas, das medidas de tempo, comprimento, peso, volume e superfície.
29. Poder estabelecer o sentido compreensivo dos enunciados de um problema com operações combinadas.

Em relação à Geometria

30. Situar seu sentido e definição como parte autônoma e relacionada à matemática.
31. Dominar a classificação dos ângulos por seu sentido de medida.
32. Saber estabelecer a decomposição de figuras geométricas e sua situação com representações da realidade.
33. Conhecer a gênese e a denominação dos poliedros, assim como o sentido do cálculo de suas medidas.

Em relação ao tratamento da informação

34. Saber reconhecer e aplicar os diferentes tipos de vocabulário que se utilizam em diferentes tipos de informação: científica, ensaio-opinião, notícia, resumo...
35. Ter pautas e critérios para distinguir entre o acidental e o secundário diante de uma fonte de informação.

36. Dotar de sentido global, quanto ao valor de sua significação, as diferentes tarefas que se realizam na sala de aula: os projetos, as oficinas e as atividades de plano individual.

Em relação ao plano individual

37. Conscientizar-se de suas necessidades de aprendizagem.
38. Aprender a avaliar e a escolher: nem tudo tem a mesma importância.
39. Ser perseverantes com a pesquisa iniciada e com a continuidade em suas iniciativas.
40. Explicar com antecipação as necessidades, os recursos e os passos que devem ser seguidos para realizar a tarefa proposta.
41. Saber organizar hierarquicamente as atividades e o tempo necessário para elas.

Em relação às atitudes

42. Aprender a ter iniciativas individuais e saber desenvolvê-las.

Questões pendentes de discussão e elaboração

(6º e 7º anos do ensino fundamental) Aprofundar sobre os aspectos relativos a topologia, utilização de símbolos, sistemas de numeração não decimais, início das relações algébricas, sentido da formulação, valor da linguagem matemática, referências relativas à lógica das classificações e seus símbolos de representação. Esclarecer o sentido normal ou *standard* com respeito à aprendizagem da ortografia castelhana. Saber fazer a identificação e a função da oração simples. Estabelecer os subentendidos que encerra o sentido da reflexão sobre a língua.

Aprofundar-se sobre o papel e o valor das dúvidas nos processos de aprendizagem.

Estabelecer se a demanda sobre a necessidade de determinar uma hierarquia dos aspectos a serem tratados dentro de cada curso é a pertinente.

Como estabelecer uma relação entre os aspectos aparentemente isolados que se refletem no plano individual?

OBJETIVOS FINAIS DOS ANOS FINAIS DO ENSINO FUNDAMENTAL

Os planejamentos básicos que vinculam a relação entre ensino e aprendizagem nos anos finais são:
   a. Realizar progressivamente a passagem do conhecimento e da descrição da informação a sua explicação relacional.
   b. O aprender implica uma atitude de trabalho, não um contato passivo com a informação. Essa atitude é favorecida pelo conhecimento do maior número possível de procedimentos e o saber organizar seu tempo.
   c. A atitude educacional básica a potencializar é a de reconhecer e respeitar as formas de expressão e os valores dos outros e a de defender os próprios.

Em relação à Linguagem

Em relação à normativa ortográfica

1. Saber escrever corretamente, sem erros de ortografia elementares na língua catalã (em relação à sintaxe específica).
2. Saber escrever sem erros de ortografia em língua castelhana.
3. Saber escrever com sua soletração correta (*speeling*) as palavras trabalhadas na língua inglesa.

Em relação à estrutura da língua

4. Saber reconhecer e analisar a frase composta.
5. Saber fazer a distinção entre orações coordenadas e subordinadas e as partículas que lhes podem introduzir.
6. Saber identificar e detectar a função das orações subordinadas.

Em relação à Literatura

7. Definir os principais movimentos literários na literatura do estado espanhol, assim como os autores e as obras mais representativas.
8. Saber realizar uma pontualização contextual das leituras que se realizam em relação às categorias de gênero, estilo, período literário e histórico, autores do movimento literário.

9. Introduzir-se na linguagem do cinema como elemento de avaliação estética e realidade agrupada em gêneros e épocas.

Em relação aos meios de comunicação

10. Introduzir-se nas relações que possam estabelecer-se entre os meios de comunicação e as novas tecnologias da informação.
11. Saber realizar uma análise, em diferentes meios, dos usos e das formas de tratar a informação.
12. Saber distinguir os diferentes níveis e sessões dos meios de comunicação.
13. Saber realizar a leitura de uma mensagem publicitária.

Em relação à Matemática

Em relação ao Cálculo e à Álgebra

14. Dominar o cálculo de potências e das operações com elas.
15. Dominar as operações com frações e o sentido de equivalência, comparação e redução.
16. Saber calcular o mínimo múltiplo comum e o mínimo divisor comum.
17. Saber realizar aplicações de cálculo financeiro.
18. Iniciar-se na compreensão de problemas de estatística e no cálculo de porcentagens.
19. Saber resolver equações de segundo grau e os sistemas de equações com duas incógnitas.
20. Saber operar com números inteiros.

Em relação à resolução de problemas

21. Chegar a entender o sentido simbólico e formal da matemática e do número, seu valor funcional e sua progressiva complexidade.
22. Saber resolver o sentido de uma função aplicada à parábola e à hipérbole.
23. Entender e saber aplicar o sentido de uma formulação em situação de problemas.
24. Saber antecipar o processo e o resultado diante do estabelecimento de problemas matemáticos.
25. Saber resolver problemas com uma e duas incógnitas.

26. Vincular noções e aplicações algébricas com a Física.
27. Saber operar com o sentido de proporcionalidade numérica e estabelecer comparações com ela.
28. Saber estabelecer a estimativa das medidas como forma de antecipação.
29. Saber encontrar fórmulas matemáticas que permitam agilizar os cálculos que resolvam um problema.
30. Saber avaliar o sentido das leis nas Ciências e na Matemática.

Em relação à Geometria

31. Dominar o cálculo das áreas das figuras planas.
32. Dominar o cálculo dos volumes com as figuras poliédricas.
33. Dominar o sentido da definição e das aplicações funcionais dos teoremas de Tales e de Pitágoras.
34. Dominar o uso da raiz quadrada vinculada à geometria.

Em relação à atitude diante da matemática

35. Adquirir uma atitude de serenidade diante da matemática.
36. Adquirir um sentido global e relacional da matemática e não meramente funcional.
37. Conhecer a vinculação do conhecimento matemático ao desenvolvimento histórico da humanidade.

Em relação às Ciências Sociais

38. Poder organizar o sentido da evolução das sociedades e de suas relações ao longo do processo histórico.
39. Assumir a referência temporal como um valor de proporcionalidade que nos permite situar-nos no processo histórico.
40. Iniciar-se e dominar as referências geométricas que lhe permitam situá-las em relação a variáveis demográficas, religiosas e econômicas.
41. Saber estabelecer relações entre os elementos da paisagem humana, a cultura e a civilização que os acolhe.
42. Saber acompanhar as diferentes fases de desenvolvimento urbano realizadas pela humanidade.

Em relação aos procedimentos e técnicas de estudo

43. Aprender a fazer anotações como prática de adaptação aos ensinos médios.
44. Aprender a fazer esquemas recapitulativos da informação trabalhada.
45. Saber detectar a estrutura de uma informação e realizar sua síntese.
46. Saber relacionar a informação trabalhada com procedimentos e princípios.
47. Reforçar, frente ao tratamento da informação, o ponto de vista da pesquisa e da teorização.
48. Proceder mediante o estabelecimento de induções sistemáticas frente à relação com a informação.

Critérios de relação entre os processos de ensino e aprendizagem e questões pendentes

1. Os temas deverão ser trabalhados a partir de um roteiro conhecido e como fruto das decisões tomadas pelo grupo. Nesse roteiro deve estar explícito: a) o que se pretende aprender; b) onde se encontram frente a esses novos conhecimentos; c) que objetivos gerais e específicos se quer alcançar.
2. Deve-se ter presente a distinção entre a concretização dos conteúdos e os procedimentos e a criação de referências contextuais que geram novas relações. A distinção entre o que se vai aprender e o que se introduz.
3. Tanto as referências contextuais da informação como o processo de seu desenvolvimento deverão ir sendo explicitados nos passos intermediários do projeto que se esteja abordando.
4. Tudo que foi dito até aqui se encontra vinculado ao sentido de aprender-ensinar a partir do estabelecimento de relações; por isso, deve-se vincular unidades ou conteúdos de informação com seus contextos e elementos de aprendizagem com sua estrutura.
5. Ter sempre presente que cada turma apresenta demandas diferentes, que avalia o sentido de aprender em função de sua experiência, mas que a tarefa do professor é a de ensinar, contextualizando a informação.

(Anos finais do ensino fundamental). Como responder diante da pressão social de que se aprendam conteúdos pontuais, ainda que sejam carentes de significação?

Como estabelecer, em relação ao resto da escola, as lacunas de informação que deverão ser preenchidas na escola para enfrentar depois o ensino médio?

Como estabelecer o equilíbrio entre a aprendizagem de procedimentos e a de conteúdos?

Como iniciar os alunos na multiplicidade de metodologias que assumem as disciplinas, assim como na complexidade da interpretação da realidade?

Conteúdos e questões pendentes ao longo da escolaridade

1. O procedimento e a atitude cognitiva da antecipação diante de situações problemáticas.
2. A evolução do sentido das leituras literárias dentro de categorias de gênero, comparação de estilos, referências que definam épocas literárias e históricas.
3. A sistematização dos usos e leituras de chaves simbólicas e de representações topológicas.
4. A problemática da introdução à Química e à Física.

3

Os Projetos vistos por seus protagonistas

A VISÃO DOS ALUNOS

A descrição das atividades nos "Projetos de trabalho"

A sequência de atividades que a seguir se detalha é um extrato do que um grupo de estudantes (alguns já haviam deixado o centro e estavam fazendo Bacharelado[*]) aportou. Ainda que se possa matizar segundo o curso ou etapa, é uma avaliação bastante comum a todos, que se torna coincidente com a visão recolhida no Capítulo 5. Dizem os alunos:

- "Primeiro propusemos, escolhemos e votamos o tema que queríamos trabalhar."
- "Apresentávamos propostas, explicávamos o que queríamos trabalhar em cada proposta e então o escolhíamos com toda turma."
- "A professora nos disse o que lhe parecia que nós gostaríamos de trabalhar."
- "Escrevemos o que queremos estudar, o ordenamos e este será o primeiro índice." "Então, com todas as opiniões, fazíamos o índice geral."
- "Então fazíamos o índice coletivo; de todos os índices sai um que se faz das ideias mais importantes."

---

[*] N. de R. T.: No sistema de ensino espanhol, Bacharelado é a denominação dada à etapa que sucede o ensino médio e antecede o ensino superior.

– "Além disso, às vezes, fazemos o índice e depois vamos completando-o se vemos que falta alguma informação."
– "Normalmente fazemos o índice e, ao final, já não é válido, porque fizemos coisas e fazemos um segundo."
– "Depois, aportar informação sobre os itens do índice entre todos e elaborá-lo."
– "Tazemos muitas hipóteses." "As hipóteses são coisas que a gente acredita que aconteçam."
– "A hipótese vem muito bem porque facilita mais o índice e a ordenação. Então, se verifica, uma vez que se tenha feito o índice, se responde à hipótese."
– "Buscamos informação, buscamos nos livros e depois, se faz falta, anotamos numa folha ou fazemos fotocópias; também podemos trazer fotos que encontramos e recortamos."
– "Quando pesquisamos num livro, como não sabemos explicá-lo, o copiamos, e, depois, no projeto, fazemos um resumo."
– "Explicamos à professora e a toda turma a informação que encontramos."
– "Temos duas caixas em aula, os que têm informação sobre o tema numa caixa, acho que era verde, e os outros que não têm em outra caixa, de outra cor."
– "Se, num livro, há informação, colocamos um pedaço de cartolina ou um *clips* nesse lugar."
– "Colhemos a informação, a redigimos num resumo e ele é corrigido."
– "Recolher informações em casa e depois completá-las em aula."
– "Cada um diz o que tem, e, depois, o professor vê algo que não entendemos e nos explica."
– "Depois faz perguntas do tema e nós temos de responder o que aprendemos. No final, nos dá uma pergunta livre onde devemos colocar outras coisas que aprendemos do tema e que não colocamos ainda."
– "Deve-se ter uma caderneta para ir anotando o que se diz". "Nós o fazemos em folhas."
– "No princípio fazemos um desenho e o que tem mais votos ganha: depois, se faz numa folha e se faz fotocópias, e todas as folhas do Projeto são como aquelas."
– "A capa era feita coletivamente, entre todos escolhíamos o modelo de capa; quando fazíamos o índice, fazíamos a capa."

Essa relação evidencia a reconstrução do processo seguido e reflete também o objetivo dos Projetos de facilitar sua autonomia e reflexão.

Os Projetos e sua relação com as áreas curriculares

Em geral, os temas dos Projetos de trabalho costumam corresponder, como já se disse, às Ciências Sociais e Naturais. As afirmações dos alunos assim o corroboram: "Quase sempre são em Ciências Sociais e em Naturais; é que, em Naturais, há mais temas para trabalhar". Outro aluno matiza: "Agora, em catalão, fazemos outro Projeto, que é de publicidade. Em Língua castelhana talvez não, é mais gramática... Em castelhano é onde não se fazem Projetos; seguimos um pouco o livro, fazemos exercícios, conceitos...". Intervém um terceiro: "E em Matemática não, por causa da matéria que parece mais de números". Todos os comentários assinalam a idoneidade de algumas áreas com respeito a outras. É importante ressaltar o comentário de outros alunos sobre a estrutura de Projetos de 6º e 7º anos do ensino fundamental, dando a entender um grau de globalização e de conexão das áreas curriculares superior a outros cursos: "É que antes, no 7º, não se faziam Sociais e nem Naturais, tudo entrava no Projeto de trabalho, e agora o temos mais separado. Dentro do Projeto de trabalho, já entravam as Ciências Naturais e Sociais". "Agora, estamos trabalhando matérias e talvez dentro das matérias haja algum Projeto de trabalho, mas não como no 7º ou 6º anos, onde a matéria era o Projeto de trabalho. Fazíamos um tema e o fazíamos como um Projeto. às vezes de forma coletiva, com toda turma, ou, às vezes, individualmente ou em pequenas equipes."

Projetos coletivos, Projetos individuais

Os estudantes maiores avaliam o fato de que os Projetos sejam feitos em grupos reduzidos, enquanto, em cursos anteriores, se faziam coletivamente, toda a turma com o professor: "Agora o fazemos em grupo porque penso que os professores devem pensar que já somos capazes e não necessitamos da ajuda do professor. Antes, no 7º ano, éramos menores e não tínhamos tantos conhecimentos; o fazíamos com o professor para que assim nos enterássemos de tudo. Porque claro, agora sempre há alguns grupos que não o solucionam tão bem, ao contrário, no 6º ano, esse problema teria sido grande. Antes, o fazíamos com toda turma e sempre tínhamos o professor; bom, agora também o tens, mas não o necessitas tanto".

Os alunos de 8º e 9º ano fazem uma avaliação positiva do trabalho individual em relação ao trabalho em grupo: "Para mim, no Projeto de trabalho coletivo, acredito que não se aprende tanto como no individual porque, como há mais gente, a gente se entretém e aí... Em troca, no individual, a gente tem de fazer o trabalho, mas, sabes, aprendes esse trabalho". Adverte-se uma necessidade de trabalhar individualmente: "Para mim, parece que se aprende mais no individual, fazê-lo em grupo já o fizemos muito".

A busca e o tratamento da informação

A busca de informação está muito relacionada com o tema do Projeto: "Eu encontrava mais informações aqui (na escola) do que em casa, porque em casa não tem tantos livros. Mas isso depende do tema porque talvez sobre um tema a gente tem muita informação em casa e de outro não se tem nada". Em qualquer caso, as fontes informativas são diversas e os alunos o expressam em seus comentários:

- "Sim, os que eu trouxe são da minha tia."
- "Meu pai tem um livro que é muito antigo e que não dá para trazer nem fazer fotocópias; eu fiz o desenho, copio o que me interessa."
- "Porque minha madrinha foi lá e trouxe filmes..."
- "Alguém gravou um programa que faziam sobre o Antigo Egito."

Pelo que comentam os alunos dos anos iniciais e do 7º e do 8º anos, há um trabalho de recolhimento de informação centrado, seja em aula, seja em Aula de Recursos. Nos anos finais, acontece mais o recolhimento de informações no exterior: "Antes, para buscar a informação, se buscava em aula ou em Aula de Recursos. Agora, já temos que ir a bibliotecas ou em casa..." "Tinha um dia por semana, por exemplo, em que se dizia: hoje metade da turma vai à Sala de Recursos e a outra...; agora já não se faz assim."

Em geral, ficam satisfeitos com a coleta de informação e com os resultados finais do dossiê, que são guardados e utilizados posteriormente:

- "É muito bom um dossiê pessoal, assim sempre o tens, e se necessitas de informação para mais adiante..."
- "Há outros dossiês que não os tenho, mas o da Função Nutricional, penso que foi um tema interessante e não me desfaço dele porque explica muitas coisas interessantes; ainda quero guardá-lo."
- "Eu, por exemplo, individualmente fiz um Projeto sobre Egito e agora o conservo, porque tem tantas coisas que até me parece impossível que eu o tenha feito."

A avaliação

Sobre a avaliação, os comentários variam em função dos cursos e das etapas, mas fazem referência a que parte das avaliações, em alguns anos, se baseiam fundamentalmente em que os alunos façam uma reflexão escrita sobre o trabalho realizado mais do que numa prova de conteúdos informativos:

- "No 6º ano, fazíamos uma avaliação: nós mesmos explicávamos por escrito o que tínhamos feito, mas eu achava muito bom, porque a professora de 6º ano nos deixava copiar o dossiê e eu não acredito que uma avaliação queira dizer o que a gente aprendeu e se tu copias o dossiê, será por alguma coisa que queres ver."
- "No 7º ano, tinha perguntas e tínhamos de estudar, às vezes orais e às vezes escritas."
- "Ah! uma coisa que fazemos quando vem a prova...por exemplo, de um Projeto, a professora diz o que será mais ou menos, para ter um roteiro para estudar e então pegamos o Projeto e preparamos o exame." "A gente pode se sair bem se levarmos em conta o que tem no Projeto e também o que comentamos em sala de aula."

Os Projetos vistos pelos anos finais do ensino fundamental

Há variações evidentes nos Projetos de trabalho, já comentadas, nos anos finais. E, desta etapa, os alunos comentam essas diferenças e avaliam a evolução dos Projetos. Por um lado, acham, até certo ponto, lógico e inevitável não escolher temas: "Agora o professor nos dá alguns temas e escolhemos a ordem. Está certo, porque quando entramos no 9º ano, teremos de saber alguns temas básicos, e, então, se escolhemos outros temas e não coincidirem... Ele nos propõe". Outro aluno afirma: "Agora não podemos escolher; quero fazer este tema e o outro não... porque se começas pelo que gostas mais e talvez deixes para o final o que menos sabes, que, se os outros se alongam um pouco, esse não será terminado".

Nas avaliações dos alunos dos anos finais do ensino fundamental lhes surpreende mais o fato de que não se mantenha a hipótese como elemento-chave no início dos Projetos. Efetivamente, não deixa de ser surpreendente que nos cursos com alunos de mais idade, as hipóteses sejam dadas pela professora: "Também no 6º ano fazíamos uma coisa que agora já não: partíamos de uma hipótese e, a partir da hipótese, fazíamos o índice. Agora a professora nos dá a hipótese; como o havíamos feito todos os anos, eu já estava acostumado e o achava interessante e, claro, pensei que o faríamos...". Contudo, esse fato não deve desorientar ao leitor ou leitora. Um processo de inovação não afeta nem implica todo professorado por igual; as diferenças ajudam os alunos a contrastar e a realizar sua própria síntese. Mas essa questão já foi vista abundantemente em outros capítulos.

Para os alunos, a presença dos Projetos é muito importante desde o 4º até o 7º ano. Ou seja, nos anos em que se inicia a inovação; "No 6º e 7º anos, o Projeto era a atividade mais importante porque aprendíamos coisas, dentro dos Projetos colhíamos muitas coisas". "No 4º ano é quando se fazem mais Projetos, porque não temos livros e as coisas são estudadas com os Projetos."

As contribuições de uma maneira diferente de trabalhar

Os alunos têm a certeza de seguir um sistema que não é o habitual em outros centros, estão certos da diferença. A medida que são maiores, comparam e avaliam sua prática de uma maneira positiva, o que justificam com o conhecimento que têm do processo que seguiram. São conscientes do tipo de trabalho cognoscitivo, do tipo de aprendizagem que estão realizando. Os de quarto ano respondem de forma unânime que a atividade mais importante durante os Projetos é a atividade de entender. E "entender" se realiza justamente "escutando e olhando", "perguntando", "e te dão folhas que te explicam casos...", "fazendo resumos...", "levantando hipóteses", ou seja, as atividades que devem desempenhar durante o Projeto servem para compreender a realidade.

Para os alunos, o tipo de aprendizagem que os Projetos desenvolvem têm características que o torna mais interessante e que utiliza os mesmos recursos do que em outras escolas, mas de uma maneira mais racional. Um aluno de 8º ano comenta: "Gosto mais deste sistema do que o que conhecia de outras escolas, porque te dão um livro e te dizem que decores isso; em troca, nós estudamos, vemos os porquês, as dúvidas e tudo mais. Temos livros, mas não o sabemos todo de memória. O professor nos diz o que temos que fazer, ler, os exercícios, etc. Mas isso de decorar uma lição, isso não...". Um colega do anterior afirma: "Olhamos os livros onde explicam os conceitos que explicamos nas redações. É outra forma de trabalhar, é mais completo". Para um aluno de 9º ano, o sistema dos Projetos de trabalho "é muito mais do que memorizar; é buscar informação, recolhê-la, elaborá-la em aula, e também fazer Projetos individuais ou em grupo".

Além disso, os alunos consideram, de forma unânime, que se aprende mais. Nas palavras de um aluno de 9º ano: "Acredito que, com o sistema que temos nesta escola, se aprende bastante, e. com os Projetos, ficam mais... A informação permanece mais. O outro é como uma passagem, a gente aprende e depois se vai".

A VISÃO DOS EX-ALUNOS

As avaliações que fazem os ex-alunos podem ser agrupadas em dois itens. O primeiro formado pelos aspectos que aparecem nos comentários que lembram como mais relevantes ou como mais imediatos, e o segundo composto pela avaliação dos Projetos vistos desde o ensino médio.

Os Projetos no passado

Um dos aspectos que os ex-alunos manifestam imediatamente é o fato de que trabalhavam naquilo que gostavam, que a escolha do tema se baseava em que fossem temas divertidos e que, em geral, passavam bem com os "Projetos de trabalho":
- "Não sei, lembro que trabalhávamos aquilo que gostávamos e de forma mais relaxada."
- "Os temas eram entretenimento, a gente gostava mais de fazê-los porque eram coisas que ou eram escolhidas pela gente

mesmo, ou por nossos colegas de aula. Também explicavam: o professor também dizia muitas coisas."
– "Nós o vivenciávamos super bem."
– "Quando chegava aquela hora, era um trabalho agradável, ainda que trabalhássemos bastante."
– "Eu lembro que tinha vontade que chegasse a hora de Projetos."
– "Eu posso dizer que, quando me mandam fazer um trabalho, gosto, e muito mais se é individual, pois te organizas melhor."

Os ex-alunos comentam que, nos anos finais, faziam menos Projetos ou não faziam. Também analisam o fato de que os Projetos significassem escolher os temas e relacionar as diferentes áreas: "Escolhíamos um tema e, dentro deste, se faziam coisas de Matemática, de Ciências Naturais, Sociais, se relacionavam todas as matérias com aquele tema".

Os Projetos e sua incidência no presente

De forma unânime, consideram que os Projetos de trabalho lhes permitiu enfrentar com tranquilidade os estudos no ensino médio. "Acredito que foi melhor para nós que nos preparassem dessa maneira, não nos surpreendeu chegar ao Bacharelado".

Há uma visão dos Projetos baseada em sua autonomia, em saber trabalhar por conta própria, que agora parece de vital importância para desenvolver-se nos trabalhos e exames. Para os ex-alunos, perde importância o fato de que haja temas que não se "tocaram", que haja vazios. Segundo um ex-aluno: "Há temas que não trabalhamos e tal, mas, na hora de assimilar coisas, acredito que tenho mais facilidade do que outros. Sabes como fazê-lo". Outro assegura que os Projetos "os faziam ficarem espertos, que era o bom, te despertavam".

Consideram que o mais relevante que se aprende no Projeto é a forma de trabalhar: "Havia muitos temas que eram para aprender como se fazia. Portanto, não era a importância do tema, e sim como fazê-lo, como buscá-lo, como trabalhá-lo. Mas, de toda maneira, os temas que estudamos me serviram". E justamente isso é o que valorizam mais pelo fato de que têm que aprender por sua conta: "Eu não sei, mas quando se acaba a escola, não te fazem isso de dar anotações. Se necessitas de alguma coisa, vais ter que buscá-la por tua conta".

Têm a convicção de que a parte da busca de informação é de grande importância: "Buscar a informação nos Projetos era muito importante e, agora, eu vi no Instituto, é mais importante saber buscar a informação do que saber estudar, porque tem gente que não sabe estudar. Eu tenho um colega que passa muitas horas estudando, superficialmente, e me parece que seu problema é que não sabe estudar, porque eu, quando tenho que estudar um tema, por exemplo, um de ciências, vou lendo e faço um esquema, depois repasso o esquema e já estudei".

Para alguns, essa situação significou uma reconsideração do que estavam fazendo nos Projetos de trabalho: "Quando o fazíamos na escola, nos parecia que era uma bobagem, e dizíamos: mas de que nos servirá isto? Em troca, agora estamos vendo para que servia, que serve muito e que valia a pena". Mais de um aluno comenta que utilizou os Projetos, ou seja, os dossiês, em seus estudos atuais.

Têm a consciência que, na Escola Pompeu Fabra, se trabalha ensinando e aprendendo de maneira diferente: "Mas, do que estamos seguros é de que fazíamos as coisas diferentes do que se faz nas outras escolas". E consideram que a opção de sua escola é útil segundo sua experiência de estudantes: "Antes diziam que o pessoal do 'Pompeu' não saía muito bem preparado, tinha gente que dizia que sim, outros que não. Eu pensava que dependeria da pessoa, mas também pensava que fazia muito pouca coisa, sobretudo quando falava com as pessoas de outras escolas. Mas quando chegas ao Bacharelado, vês que não; o que se viu primeiro em Matemática, já o tínhamos visto quase tudo; em História e Ciências é onde talvez haja mais coisas que não tínhamos tocado". Um ex-aluno o manifesta claramente: "É que há escolas que pensam que é mais básico aprender conhecimentos do que estratégias, mas as estratégias te servem para depois aprenderes por ti mesmo os conhecimentos."

A VISÃO DO PROFESSORADO

A inovação muda a conceitualização e a prática docente

Em geral, o professorado da Escola Pompeu Fabra considera que a inovação implica uma mudança conceitual na própria prática docente, significa uma autoanálise constante e faz o educador tomar consciência do processo de aprendizagem que o aluno faz. Para uma professora: "Trabalhar com Projetos significou, sobretudo, ter uma ideia diferente do que é aprender e do que é ensinar. Que daqui a um tempo, em vez de fazer Projetos se faça outras coisas, talvez sim. Mas que o que se faça sempre seja partindo da ideia de que possamos dizer o que é o aprender e o que é o ensinar". A inovação, para outra professora, significou sobretudo modificações: "Talvez mais na maneira de trabalhar dos professores, que passam a ter algumas experiências diferentes sobre o que são as crianças, sobre suas estruturas, por que caminho se vai chegar a eles, etc.". Isso significa, nas palavras de uma professora, mudanças também no âmbito dos conteúdos: "Inclusive em relação aos conteúdos, para mim era mais fácil ensinar o que já sabia do que estar constantemente aprendendo as coisas que deveria trabalhar com meus alunos, porque desconhecia quase todas".

Essa reflexão sobre a própria prática levou os professores a modificar algumas propostas e a entender melhor certas possibilidades de intervenção pedagógica, por exemplo, na avaliação. Para a diretora, durante o processo de inovação, os Projetos significaram "entender a necessidade que tem a criança, talvez desconhecida para ela, mas uma necessidade de conhecer a si mesmo. Então a ideia da autoavaliação era uma espécie de imposição, porque não entendíamos de verdade a necessidade de que a criança entendesse de onde vinha, o que estava fazendo e como podia modificar seu processo, assumindo tanto suas capacidades como suas deficiências, resolvendo ela mesma a situação, sem imposições".

Avaliação dos Projetos

Para o conjunto do professorado, os Projetos respeitam melhor os diferentes ritmos de aprendizagem e favorecem a construção da aprendizagem do aluno. Por outro lado, os Projetos fazem parte de um espírito renovador da escola, cujas atividades se inscrevem num ambiente de autonomia e flexibilidade no qual se movimentam os alunos. Concretamente, para uma professora dos anos iniciais, os Projetos "lhes ajudam a ter alguns hábitos de trabalho, a adquirir certos procedimentos". Um professor dos anos finais opina que, com os Projetos, "são capazes de organizar-se, de estruturar as tarefas". Por sua vez, uma professora de 6º e 7º anos considera "que é mais eficaz nossa forma de trabalhar; depois há também o elemento de fazer os alunos tomarem consciência de sua própria aprendizagem, que é também muito importante. Trata-se de ser mais eficazes, não de fazer mais atividade".

A diretora considera "que o mais importante é que, de alguma forma, as crianças são as construtoras de sua aprendizagem; na hora de planejar, as crianças têm muito mais claro qual é o processo que estão seguindo; mais clara a estruturação, etc. Agora são muito mais capazes de recorrer a propostas próprias de trabalho e, além disso, de recorrer às estruturas já trabalhadas, inclusive em função das características do tipo de Projeto, elaboram um índice de acordo com elas e não respondem tanto ao esquema tradicional".

Em geral, se valoriza o fato de que os alunos saibam trabalhar muito melhor com os projetos. O trabalho sobre a informação tem muito a ver com isso: "Outro aspecto que é importante é a utilização de materiais de manipulação da informação, que confrontam diferentes informações, diferentes fontes e sabem trabalhar de uma maneira muito mais válida em comparação ao que faziam antes".

Num primeiro momento, houve muita preocupação quanto às possíveis lacunas nos conteúdos. Ainda que haja quem opine que trabalha mais conteúdos com os Projetos: "Isto para mim é inquestionável, tenho a impressão de que estou dando muito mais conteúdos agora, e te poderia fazer uma lista muito mais ampla". A diretora considera que "as propostas que a princípio nos fizeram nos assustaram muitíssimo; o que nos assustava basicamente é que se abrissem alguns vazios imensos, ao mesmo tempo que se dava muito mais poder de decisão à criança sobre o que fazer". Sobre esse aspecto, uma professora acredita que essa questão possa melhorar: "Penso que, de toda forma, se possam solucionar algumas lacunas, o currículo poderia ser melhor sequenciado do que o que tínhamos antes, isso ele nos proporcionará. De fato, essa atividade está orientada para que nos permita isso, mas o conhecimento é tão amplo que constantemente estamos tomando decisões".

Inovação de todo o centro, mas com variações

É uma inovação de todo o centro porque parte de uma necessidade compartilhada por toda uma equipe. Também foi compartilhada pelas famílias, e, além disso, a inovação da Escola Pompeu Fabra teve ressonância e provocou curiosidade no exterior.

Em todo caso, o professorado realizou Projetos, mas não há um modelo único nem preestabelecido para levá-los à prática. Considera-se, por exemplo, que, nos anos iniciais e até o 7º ano, se enfatizam mais os aspectos metodológicos, e, nas séries finais, os aspectos informativos.

A diretora o vê da seguinte maneira: "Eu diria que, em nível de concepção do que é inovação educativa, estivemos todos envolvidos, mas o professorado dos maiores nos incorporamos mais tarde e, além disso, temos uma mentalidade de especialistas que o torna mais difícil". Ainda que isso, como vimos na opinião dos estudantes, não constitua nem um problema, nem um freio para sua aprendizagem.

Os professores dessa etapa têm muito presente o ensino médio e o propõem deste modo: "À medida que se dá maior flexibilidade nos anos finais, temos um problema no 9º ano, quando se levanta uma barreira. Os garotos deverão ter determinados conhecimentos. De certa forma, tentamos compor com os Projetos uma revisão dos aspectos mais precários com os quais nos tocam por decreto. Os que depois vão para o Bacharelado se encontram em dificuldades se aparece algo que não tratamos, que não comentamos. No final, o resolvem, mas com a sensação de ir comprometidos ao Instituto*".

Fora essas diferenças que se estabelecem nos anos finais, o fato da inovação generalizar-se a todo o centro significou ritmos e implicações diferentes na medida em que se ia desenvolvendo. A inovação requer esforços importantes segundo uma professora: "O tipo de trabalho que fazemos, não sei, não é nada mecânico; sempre há quantidades de dúvidas pela análise que fazes do trabalho que os garotos fazem, pelo problema com o qual te deparas quando tens de preparar qualquer coisa, quando pensas que os garotos te responderão de uma maneira e respondem de outra. Claro, isso é um motor, o fato de que te vás propondo coisas. O que às vezes se torna antipático, já que é muito difícil estar satisfeito, porque sempre há uma série de coisas sobre as quais falar, para situar, para concretizar". Uma professora considera que "houve diferenças entre a situação inicial, quando estávamos mais seguros do que estávamos fazendo, estávamos todos mais no mesmo terreno, e o momento em que começamos a propor coisas novas. Houve desde quem as tenha visto muito rapidamente até aque-

---

* N. de R. T.: Institutos são estabelecimentos de ensino que formam professores e professoras num nível que antecede a universidade.

les que demoraram muito. Por outro lado, os interesses pessoais configuraram situações realmente muito diferentes, pois, nessa escola, já havia tradicionalmente um nível de autoexigência muito elevado; isso significa um risco que é, por um lado, muito estimulante; portanto, é um elemento de coesão da equipe o fato de se estar pesquisando, e, por outro lado, dado esse nível de exigência, pode nos acontecer um mau humor, uma inquietação".

Para alguns, a inovação é um conflito positivo, mas, para outros, pode chegar a ser inibidor: "No meu caso, eu não era consciente de que, para passar de Centros de interesse a Projetos de trabalho significasse uma mudança na maneira de pensar, supunha que fosse mais uma mudança metodológica. Isso cria um certo desequilíbrio, o que acontece é que, no meu caso, esse desequilíbrio significou um estímulo e, como consequência, uma nova forma de equilíbrio. Neste momento, para mim, a situação anterior é impensável, a dou por encerrada e selada. Agora não tenho porque colocar-me na defensiva, justificar-me, buscar desculpas, pensar que são as crianças..., que é a escola..., que é o contexto..., elementos externos que não têm relação com minha maneira de pensar". "O que acontece é que se tornou mais patente; muita gente abordava a situação da inovação do ponto de vista de desequilíbrio, retirando-se para não enfrentar mudanças, vivendo-as como uma situação negativa."

A presença do assessor

O conjunto do professorado da escola considera que, para realizar uma inovação, se deve contar com a ajuda de um assessor. Segundo a Coordenadora Pedagógica: "Comprovamos na escola que um grupo de professores, sem ajuda de um elemento exterior, terá muita dificuldade em fazer uma inovação nesse sentido, porque, para poder analisar o que se está fazendo, necessita-se de uma pessoa que esteja fora e que não esteja envolvida até o final". Num primeiro momento, quando era uma escola privada-cooperativa, havia uma psicóloga para coordenar o trabalho pedagógico: "O que víamos era que utilizávamos a psicóloga para realizar um acompanhamento de cada um dos grupos. aulas e professores. O que acontece é que tampouco está tão claro que, dentro das possibilidades da escola pública, possa existir essa figura". Nesse sentido, reclamam a assessoria para assegurar o êxito de uma inovação em profundidade: "Penso que a intervenção do assessor nesse sentido é fundamental; outra coisa é que a Escola Pompeu Fabra necessite um assessor permanente ou um assessor diferente segundo os tipos de problemas que contemplem. Isso deveria ser avaliado".

O professorado considera que deva haver um profissional externo que articule todos os aspectos que gera uma inovação, que aporte referências teóricas, que estabeleça novas propostas concretas na prática e que dê, sobretudo, elementos de análise para a continuidade à reflexão da equipe de professores, na qual também há pessoas que podem colaborar com o assessor nessas tarefas, pois, segundo uma professora dos anos iniciais, "penso que há pessoas na escola, além do assessor, que também ajudam muito".

Para o professorado, o assessor passa a ser um elemento importante na inovação, e seu papel é relevante na dinâmica institucional do centro. Isso significa que o assessor deve concretizar, negociar e explicitar seu papel, seus limites e a temporização de seu trabalho para não gerar expectativas excessivas e para que a equipe não se subordine absolutamente à presença dele.

Em todo caso, sua presença é julgada imprescindível: "O professor teria que criar sua própria autonomia de trabalho e isso se pode conseguir mais em aula, mas para que os professores possam refletir com o grupo e que tenham elementos de reflexão mais amplos, é necessário um lugar para contrastá-lo. Como não aprendemos de outra maneira, me parece que faz falta esse tipo de intervenção".

Uma professora faz a seguinte consideração: "Eu sei o que me custou, e ainda não sei em que estágio estou, passar de uma concepção de ensino a outra. Vejo que, a médio prazo, faz falta; olha, levamos cinco anos e às vezes ainda surgem novos problemas, novas derivações, e que, além disso, no meu caso, eu não eliminei muitas das sequências nas quais estava trabalhando. Se o assessor for a mesma pessoa ou não, isso é secundário; penso que deva estar mais em função do que se está trabalhando".

A inovação como formação permanente

A análise que os professores fazem da inovação dos Projetos de trabalho leva à consideração de que esta significou uma melhora profissional, da qual, como se disse no início deste capítulo, a inovação não é tanto uma estratégia concreta quanto é uma mudança conceitual na prática docente. De alguma maneira, a palavra inovação se refere a como tornar permanente a atitude de mudança.

Uma inovação em profundidade, como a que sem dúvida se realizou na Pompeu Fabra, significa uma fórmula enriquecedora de formação permanente que rompe alguns estereótipos sobre o papel do professor na pesquisa educativa. Nas palavras da Coordenadora Pedagógica: "A verdade é que nós nos formamos com essa inovação; assimilamos muito mais teoria e temos muito mais claro como atuamos. Talvez aquele complexo que tivemos os professores, por não sermos teóricos, mas práticos, se rompa. Essa inovação permite não só estarmos em dia, mas também interpretarmos. Não é certo que, na atualidade, o papel do professor seja só o daquela pessoa que constantemente está enganando, que não pode fazer uma reflexão do que está fazendo".

Para que isso seja assim, devemos inovar a partir da realidade da escola. "Depois da inovação, o que tenho claro é que, a partir de agora, toda pesquisa ou toda nova teorização que se esteja fazendo desde os anos de 1970 para cá há de levar em conta o professor, porque, se não, não tem nenhum sentido; todos esses pesquisadores que continuam queixando-se de que o professor... Eu digo: ele sempre manda (o pesquisador), e isso não funciona, o professor tem muito a dizer, o que acontece é que talvez tenha de ir devagar".

A VISÃO DAS FAMÍLIAS

Desde o início da inovação, as famílias estiveram a par de suas características e, por consequência, conheciam o processo. Seu apoio à inovação se baseia no conhecimento e na grande confiança que têm depositada na equipe do centro:

"Como, de fato, temos muita confiança nos professores e na escola, ficamos tranquilos."

"Temos paparicado muito os professores."

"Confiamos totalmente neles."

Essa confiança na equipe é fruto dos antecedentes da escola como cooperativa de pais antes de sua passagem à escola pública: "Em nossa escola, realmente influiu toda sua história, que é muito longa. Fomos encontrando pessoas com inquietudes similares e que começaram a trabalhar de verdade nesse tema; isso foi dando margem a outras histórias. Por sorte, se manteve, já que as equipes tiveram continuidade e as pessoas que se incorporaram seguiram a mesma linha."

É pois, para as famílias, uma equipe estável formada por gente com inquietudes similares que uniram esforços ao longo dos diferentes cursos, dada sua continuidade. Demonstrou aos pais qual é sua filosofia e sua forma de trabalho através da prática. Estes consideram que a equipe funciona e merece seu apoio tanto quanto é de seu agrado, manifestam o temor de perdê-la: "Eu diria também que é uma equipe muito coesa e de muitos anos, que não sofreu incorporações; o único receio seria que, a longo prazo, se vá incorporando gente nova e se perca um pouco o que foi".

Essa história permite aceitar propostas inovadoras do professorado sobre a base do respeito que lhes têm como profissionais do ensino: "Sim, penso que, no momento em que eles fazem a experiência, é porque mais ou menos têm algumas bases teóricas onde acreditam que isso possa ir avançando". E mais, eles pensam que o motor da inovação é uma ânsia de melhora; portanto, como pais daqueles que são os receptores desses esforços, têm, pelo menos, que dar um voto de confiança, ainda que mantenham algumas dúvidas.

A inovação é vivida diferentemente através de seus filhos e filhas que lhes envolvem na busca e no recolhimento de informação. Valorizam o fato de que os Projetos lhes ensinem a trabalhar: "E um tema que eles mesmos escolheram, que lhes motiva e lhes faz participar, e, depois, penso que os pais têm de estar um pouco por trás do Projeto. Tu mesmo participas porque tens que buscar informação...mas a criança o vive como uma coisa sua, que ela mesma escolheu e está muito mais motivada".

Com o dossiê terminado, os pais podem ver o resultado de todo o Projeto e ver como as crianças foram amalgamando a informação dada pelos próprios pais.

As avaliações dos Projetos são geralmente positivas:

"Eu diria que é uma boa maneira de trabalhar para as crianças. Mantém uma inquietude de pesquisa, busca e ao mesmo tempo de programar-se. Por exemplo, Alba, com nove anos, tem na pasta uma folha com toda sua programação, o que deve fazer, e isso, em princípio, a organiza..."

"Por outro lado, eu diria que foi um grande achado o fato deles irem aprendendo tantas coisas. A partir do achado sai o traçado das coisas. E uma dinâmica muito criativa."

"Porque eu prefiro que tenham elementos de trabalho que depois eles mesmos possam ir resolvendo. Se isso lhes dá elementos de trabalho e perspectivas de como saber aproveitar adiante, para mim isso é positivo."

"Penso que, ao não ter de memorizar muitas coisas, o fato de ter de pesquisar e buscar o porquê das coisas fica mais satisfatório, não tão rotineiro. Penso que eu teria gostado de fazê-lo, portanto, tudo o que te diga é pouco. Potenciar a curiosidade os motiva muito."

É uma avaliação positiva que eles realizam a partir da tranquilidade que dá o fato de ter realizado o acompanhamento da inovação e o fato de ter passado já pelos momentos iniciais de maiores temores e inseguranças, dado que nem todos os alunos se adaptam ou encaixam da mesma maneira numa nova forma de trabalhar: "Direi que, nos primeiros períodos, eu estava tão por fora quanto meu filho. Inclusive lembro a leitura e escrita: eu não podia entender o fato de que eles pudessem escrever à sua maneira, mas, como tinha falado com os professores, sabia como funcionava, mas meu filho não se envolvia. A mesma coisa com os Projetos, ele não os entendia e não participava, lhe era muito difícil. Os primeiros períodos foram bastante desastrosos. E depois foi pegando o fio muito bem". Outro pai comenta que "a experimentação com os garotos parte muitas vezes do que eles mesmos pedem, das necessidades que há num determinado momento, e para mim, não parece ruim, não me importa. Talvez haja pais que se preocupem, sei que há, porque eles me falaram sobre isso".

As inquietações que os Projetos de trabalho e as outras inovações que se podem realizar na escola provocam nas famílias, advêm, por um lado, do que possa acontecer no ensino médio: "O medo do ensino ativo e assim – mais liberal, vem no momento de pensar o que acontecerá quando tiver que ir para o Instituto". Por outro lado, a confiança na equipe não obsta para que se personalize num professor que é o responsável aquele ano pelo filho e depende desse professor concreto o êxito ou não do trabalho escolar do aluno: "Eu diria que, evidentemente, por mais coesa que seja a equipe, sempre existe uma influência decisiva de cada pessoa, e isso é evidente. Basicamente, a forma de trabalhar responde a um mesmo estilo, um mesmo sistema, mas a dinâmica de cada um tem uma incidência direta na forma de execução. Eu vejo uma coerência em nível de trabalho, mas é evidente que existe uma incidência pessoal que se nota. Não prescindiria de nenhum, mas, como pai, escolheria".

Essas são as vozes que refletem, em primeira mão, a história que mostramos nos capítulos precedentes. É uma história que responde a um conjunto de singularidades, mas que tem como característica mais relevante assumir que a docência implica explicitar as posições desde as quais se exerce. E isso não é só uma questão de aprendizagem, também o é de ideologia e de forma de conceber o mundo. Os Projetos, por isso, não são um recurso didático, e sim uma tentativa de que os estudantes aprendam e se eduquem de forma reflexiva, autônoma e crítica em relação à formação que lhes rodeia e à diversidade de formas culturais e pessoais que estão presentes no mundo contemporâneo.

Referências

ANTISERI, D. *Fundamentos del trabajo interdisciplinar*. La Coruña: Adara, 1976.
ASENSIO, M. Enfoque interdisciplinar en el diseño curricular. *Cuadernos de Pedagogía*, v. 149, p. 81-85, 1987.
AUSUBEL, D. *Psicologia educativa*. México: Trillas, 1976.
BARRET, G. La estructura del conocimiento y las estratégias de aprendizaje: la investigación pragmática y el professor. In: *AA.VV. Investigación/acción en el aula*. Valência: Conselheria de Cultura, Educación i Ciência, 1986.
BODEN, M. *Piaget*. Madrid: Cátedra, 1982.
BOHM, D. *La totalidad y el orden implicado*. Barcelona: Kairós, 1987.
BRUNER, J. *El processo de la educación*. México: Uteha, 1969.
CARBONELL, J. et al. *Aprendiendo de las ínnovaciones en los centros*. Madrid: CIDE, 1991.
CARBONELL, L.; DE MOLINA, M. J. *Pasos a tener en cuenta en una secuencia de aprendizaje*. [S. l.: s. n., 1991]. Material de formación. Escola Pompeu Fabra, Barcelona.
CARR, W.; KEMMIS, S. *Teoria crítica de la ensenanza*. Barcelona: Matinez Roca, 1988.
CARRETERO, M. Desarrollo cognitivo y educación. *Cuadernos de Pedagogía*, v. 153, p. 66-69, 1987.
COLL, C. Bases psicológicas del diseno curricular. *Cuadernos de Pedagogia*, v. 139, p. 12-16, 1986b.
COLL, C. Los niveles de concretización en el diseno curricular. *Cuadernos de Pedagogia*, v. 149, p. 24-30, 1986c.
COLL, C. *Marc curricular per a l'ensenyament obligatori*. Barcelona: Paidós,1986a.

COLL, C. *Psicologia y currículum*. Barcelona: Paidós, 1991.
DELVAL, J. *Crecer y pensar*. Barcelona: Paidós, 1991.
DOYLE, W. *The taskis of teaching and learning la classrooms*. Santa Cruz (CA): University California, 1979.
ELLIOT, J. Enseñanza para la comprensión y enseñanza para la evaluación: una revisión de la investigación hecha por los profesores, con referencia especial a sus implicaciones políticas.Málaga. In: *Seminário sobre Métodos e Técnicas de Ínvestigación* – Acción en las Escuelas. Subdireción de Formación del Profesorado, 1984.
ELLIOT, J. et al. *Investigación-acción en el aula*. València: Generalitat Valenciana, 1986.
ELLIOT, J. *La investigación-acción en educación*. Madrid: Morata, 1990.
FERREIRO, E.; TEBEROSKY. A. *Los sistemas de escritura en el desarrollo del nino*. México: Siglo XXI, 1979.
FERREIRO, E.; GÓMEZ PALÁCIO, M. (Comp.). *Nuevas perspectivas sobre los procesos constructivos de lectura y escritura*. México: Siglo XXI, 1982.
GUSDORF, G. Pasado, presente y futuro de la investigación interdisciplinaria. In: *VV.AA.: Interdisciplinariedad y Ciências Humanas*. Madrid: TecnosUnesco, 1982.
HERNÁNDEZ, A. J. *Experiências de interdisciplinariedad*. Madrid: Paraninfo, 1978.
HERNÁNDEZ, F. *Análisis y fundamentación de una asesoría educativa*. [S. l.: s. n., 1986a].
HERNÁNDEZ, F. A vueltas con la globalización. *Cuadernos de Pedagogia*, v. 202, p. 64-66, 1992.
HERNÁNDEZ, F. El asesor psicopedagógico y la innovación educativa. *Revista de Innovación e Investigación Educativa*, v. 3, p. 85-96, 1987.
HERNÁNDEZ, F. El pensamiento del profesor en la fase de evaluación: implicaciones institucionales desde un abordaje contextual. In: VILIAR, L. M. (Ed.). *Pensamientos de los profesores y tomadas de decisiones*. Sevillia: Servicio de Publicaciones, 1986b.
HERNÁNDEZ, F. Els estudis sobre el pensament del mestre i la innovació educativa. *Guix*, v. 125, p. 4-7, 1988b.
HERNÁNDEZ, F. La evaluación del curriculum. *Cuadernos de Pedagogia*, v. 155, 1990.
HERNÁNDEZ, F. La globalización mediante proyectos de trabajo. *Cuadernos de Pedagogia*, v. 185, p. 12-14, 1988a.
HERNÁNDEZ, F; CARBONELL, E.; MASES, M. *Aprenden los alumnos aquello que pretendemos enseñarles?* Una investigación en la acción sobre la práctica profesional de una maestra. Terceres jomades de recerca educativa. Barcelona: Institui de Ciències de l'Educació, 1990.

HERNÁNDEZ, F.; CARBONELL, E.; MASES, M. Conexiones entre el pensamiento y la acción en una investigación participativa sobre la evaluación del proceso de aprendizaje de los alumnos". In: MARCELO, J. C. (Ed.). *Avances en el estúdio sobre el pensamiento de los profesores*. Sevilla: Universidad de Sevilla, 1988.

HERNÁNDEZ, F.; SANCHO, J. M. *Para enseñar no basta con saber la asignatura*. Barcelona: Laia, 1989.

MASES, M. et al. *Totes i tota. La coeducació dins el marc d'innovació a l'escola Pompeu Fabra*. [S. l.: s. n., 1990].

NOVAK, J. *Teoria y práctica de la educación*. Madrid: Alianza, 1982.

NIESBET, J.; SHUCKSMITH, J. *Estratégias de aprendizaje*. Barcelona: Santillana, 1987.

MILES, M.; HUBERMAN, A. M. *Qualitative data analysis*. London: Sage, 1985.

MORIN, E. *El método*: la naturaleza de la naturaleza. Madrid: Cátedra, 1981.

MORIN, E.; PIATELLI, M. La unidad del hombre como fundamento y unidad interdisciplinaria". In: *VV.AA.: Interdisciplinariedad y Ciências Sociales*. Madrid: Tecnos-Unesco, 1982.

PÉREZ GÓMEZ, A. Conocimiento académico y aprendizaje significativo. Bases teóricas para el diseno de la instrucción. In: GIMENO, J.; PÉREZ, A. (Comp.). *La enseñanza, su teoria y su práctica*. Madrid: Akal Universitária, 1983a.

PÉREZ GÓMEZ, A. Modelos contemporâneos de evaluación. In: GIMENO, J.; PÉREZ, A. (Comp.). *La enseñanza, su teoria y su práctica*. Madrid: Akal Universitária, 1983ab.

PÉREZ GÓMEZ, A. El pensamiento del profesor, vínculo entre la teoria y la práctica. *Revista de Educación*, v. 284, p. 199-222, 1987.

POZO, J. I. *Teorias cognitivas de aprendizaje*. Madrid: Morata, 1989.

PRAWAT, R. S. The value of ideas: the immersion approach to the development of thinking. *Educational Researcher*, v. 20, n. 2, 1991.

REIGELUTH, C. H.; MERRILL, M. The elaboration theory of instruction. *Instructional Science*, v. 9, p. 195-219, 1980.

RIERA, S.; VILARRUBIAS, R. Globalización e interdisciplinariedad. *Cuadernos de Pedagogia*, v. 139, p. 48-53, 1986.

SCURATI, C.; DAMIANO, E. *Interdisciplinaríedad y didáctica*. La Coruña: Adora, 1977.

SKILBECK, M. (Ed.). *Evaluating the curriculum in the eighties*. London: Hodder and Stoughton, 1984.

SNOW, R. Procesos cognitivos de los estudiantes e investigación en toma de decisiones. In: VILIAR, L. M. (Ed.). *Pensamientos de los profesores y tomas de decisiones*. Sevilia: Servicio de Publicaciones, 1986.

STENHOUSE, L. *Investigación y desarrollo del curriculum*. Madrid: Morata, 1984.

STENHOUSE, L. *La investigación como base de la enseñanza*. Madrid: Morata, 1987.

VUYK, R. *Panorâmica y crítica de la epistemologia genética (I y II)*. Madrid: Alianza, 1984.

WERTSCH, J. *Vygotsky y la formación social de la mente*. Barcelona: Paidós, 1988.

IMPRESSÃO:

Pallotti
GRÁFICA EDITORA
IMAGEM DE QUALIDADE

Santa Maria - RS - Fone/Fax: (55) 3220.4500
www.pallotti.com.br